JN061176

HRMブックス

ライブ講義

はじめての人事管理

八代 充史 *Atsushi Yashiro*　南雲 智映 *Chiaki Nagumo*

〔第3版〕

泉文堂

第3版まえがき

　本書の第2版が刊行されてから，8年が経過した。この度㈱泉文堂の再度のご厚意で，第3版を刊行する運びとなった。同社代表取締役の大坪克行氏に厚く御礼申し上げたい。

　今回も，前回同様統計情報や法律の改正などを中心に加筆・訂正を行った。また，一部の章の章末に2017年1月〜同年12月まで『労働新聞』に連載した「ぶれい考」の一部を追加した。転載を御承諾頂いた労働新聞社に，深甚の謝意を表したい。

　前回と同様共同執筆者の南雲智映氏には，改訂全般に渡って大変な御尽力を頂いた。敬愛する友人である一守靖氏は，初版に続いて草稿全般に目を通して，大変有益なコメントをお寄せ頂いた。いつも本当に有難うございます。

　2022年12月

著者を代表して
八代　充史

第2版まえがき

　この度本書の刊行から5年を経過したので，（株）泉文堂の御好意で第2版を刊行する運びとなった。これを機会に，初版の加筆・訂正に加えて，新たに法令に関する記述や図表を追加した。合わせて各章末に学習の便宜に資するべく，ディスカッションのテーマを記載した。

　第2版の刊行に際しては，初版に続いて泉文堂代表取締役社長の大坪克行氏にひとかたならずお世話になった。大橋資博氏からは，お忙しい中草稿にお目通しいただき，有益なコメントをいただいた。また，今回の改訂に伴う加筆・修正は，共同執筆者である南雲智映氏の御尽力に負うところが大きい。これらの方々に，記して感謝の意を表したい。

　本書の初版を御愛顧いただいた多くの方々に御礼申し上げるとともに，引き続き大方の御叱正を乞う次第である。

2015年1月

著者を代表して
八代　充史

まえがき

　この本は，人事管理の初学者を念頭に置いたテキストである。

　こう書くと，当然ながら「で，この本の特徴は？」となるだろう。既に人事管理と題したテキストや実務書があまた市場に出回る中，敢えて『ライブ講義　はじめての人事管理』というタイトルで本を出すからには何か特徴があるはずだ，イヤあるに違いない，そもそも「商品差別化戦略」はマネジメントの基本中の基本ではないか，読者は当然そう思うだろう。

　この本の特徴は，以下の３点である。まず第１に，通常のテキストと異なるのは，それが「書き言葉」ではなく，著者２名による対話を再現した「話し言葉」になっていることである。人事管理に限らず，テキストというものは往々にして著者の「思い入れ」で記述が進んでいくことが少なくない。著者は自分の講義の経験から，「ここはこう説明しよう，こう書いたらより分かり易くなるのではないか」という思いで執筆をする。しかし，読者の受け止め方は，また別である。著者の難解な書き言葉で初めに「ボタンの掛け違い」が生じると，後に残るのは「置いてきぼり感」だけということになりかねない。Ｑ＆Ａ形式で記述を進めることによって，こうした「置いてきぼり感」をなくしたい，これが著者２人の共通の思いである。
　第２に，人事管理のテキストといっても，原理論的な内容は最小

限に留め，むしろ人事管理の実態的側面に重点を置いている。企業は，なぜ従業員を定年まで雇用するのか，年次管理とは何か，育児休業制度は企業にとってどのようなメリットがあるのか，こうした問題が各章で取り上げられている。半面，「人事管理とは何か」，「人事管理と労務管理は一体何が違うのか」，といったテーマには，それほど枚数を割いていない。人事管理の原理論に関心のある読者は，岩出博『LECTURE人事労務管理（増補版）』（泉文堂，2013年）という名著で，是非勉強していただきたい。

　ただしこの本は，いわゆるハウ・ツー本ではない。長期雇用や年次管理，育児休業は，いずれも人事管理の本質と深く関係している。「原理論か実態面か」は，あくまで同じ山の頂を目指すためのアプローチの違いであり，レベルの違いではない，この点の認識も，2人の著者は完全に一致していると言えるだろう。

　第3に，上に掲げたトピックスからして，この本は人事管理を学ぶ学生はもちろん，企業の人事部門に配属された初任担当者にも参考になることを期待している。長年，社会人の方々と研修やMBAコースで接する機会があるが，社会人向けの人事管理本はほとんどが実務書である。しかし，彼らが求めているのは，実務書ではなく，さりとてアカデミックな研究書でもなく，自分達の立ち位置を確認し，視座を広げるような本である。もちろんこの本がそうした視座をどこまで与えているかは甚だ心許ないが，「難解な用語を解説しただけで自己満足に陥っているテキスト」や「すぐに役立ち，すぐに役立たなくなる実務知識のオンパレード」には少なくともなっていない，この点も両著者が確信している点である。

まえがき

　この本は，筆者(八代)が，慶應義塾大学商学部や通信教育部スクーリング，立教大学大学院ビジネスデザイン研究科，東京労働大学講座人事管理・労働経済コース，日本生産性本部経営アカデミー人材マネジメントコースで行った人事管理，労務管理，報酬管理，国際比較などの講義の内容に依拠している。こうした場を通じて，著者に忌憚のない意見を寄せて頂いた学生の皆さん，受講生の皆様に，この場を借りて御礼申し上げたい。

　本書の企画を頂いたのは，一昨年6月のことである。以降炎暑の三田山上での収録から速記録の編集，Q＆Aや見出しの調整，再度に渡る校正を経て刊行の運びとなった。この間怠惰な著者（八代）を横目に献身的な労を惜しまなかったのは，共同執筆者の南雲智映氏である。また，㈱泉文堂の大坪克行氏には，代表取締役社長自らこの企画を推進して頂き，著者のさまざまな提案を快く受け入れて頂くなど，大変お世話になった。記して感謝の意を表したい。

　敬愛する友人である一守靖，北川浩伸，中川有紀子，山内麻理の諸氏は，御多忙の中草稿に目を通され，有益なコメントをお寄せ下された。この場を借りて篤く御礼申し上げたい。

2010年2月

著者を代表して

八代　充史

目　　次

オリエンテーション
人事が良いから儲かるのか
──人事管理の目的とは

第1時限目
非正社員・正社員・管理職
──さまざまな従業員グループ

第2時限目

「年の功」から「年と功」
──「三種の神器」の今昔物語

第3時限目

位とポスト
——人事制度の作り方

第 4 時限目

参謀本部かサービス部門か
――人事部門の組織と機能

第 5 時限目

若者は「粘土」か
――採用と初期キャリア管理

第6時限目

ビジネスパーソンは
仕事と上司を選べるか
──人事異動の一般理論

第9時限目

会社は託児所?

——人事管理とファミリーフレンドリー

第10時限目

日本的経営とベスト・プラクティス
──日本企業のグローバル化

終

「成果中心」主義の光と影
──人事管理に生じるズレ

人事が良いから儲かるのか
──人事管理の目的とは

人事管理とは

Q はじめに，人事管理とはどのようなものかお話しいただけますか。

A 　会社をマネジメントして，その会社が事業を展開して利潤を得る。このような企業の管理行動の中の一つとして，会社の構成員である従業員を管理する一連の活動のことを「人事管理」と言います。

　では，**人事管理**はいったいなんのためにするのかというと，いま申し上げたとおり，会社の利益，会社の儲けを上げるために，人の管理という観点で何ができるのかを考え，それを実践していくのが人事管理です。ですから，人事管理の究極の目的は，**「人を管理することが会社の利益につながる」**という観点で人の管理をすること

にあります。

　例えば，企業が**ファミリーフレンドリー（ファミフレ）施策**（仕事と家庭の両立支援のこと）を実施するとして，ファミリーフレンドリー自体が人事管理の目的なのではなく，ファミリーフレンドリー施策を行うことが会社の利益にどうつながるのかが重要です。ファミリーフレンドリー的な施策，仕事と家庭を両立するような施策をとることが従業員のやる気を高めるとか，あるいは，仕事と家庭が両立可能な人事制度を導入することで優秀な女性従業員が退職せずに仕事を継続できる。それによって，会社の利益が増大する。この様に考えるのが人事管理の視点なのです。

利潤とは矛盾しないのか

Q ファミリーフレンドリー施策にしても，会社が実行しようとしたら手間とかお金がかかります。このことと会社の利益とは矛盾しないのでしょうか。

A それは重要な問題だと思います。たしかに，ファミリーフレンドリー施策を重視することによって，例えば，育児休業をとった人の代替をどうするか，育児休業をとっている間は誰か臨時に人を雇わなければいけない，あるいは育児休業の間，職場の他の人がその人の仕事をカバーしなければいけない，といった問題が生じます。

　ただ，それによって例えば育児休業を取得している人が仕事を続けることが可能になり，その人が生み出す価値が高まり会社にとってプラスになりえます。ですから，コストがかかっても，それをやることが利益につながるのであれば，費用対効果の観点から企業として行うことに意味があるわけです。

重要なのは合理性と従業員のモチベーション向上

　会社が最大利潤を目的にして人の管理を行うということには，二つの側面があります。一つは**無駄に人を雇わない，無駄にコストをかけないこと**です。無駄に人を雇わない，無駄に賃金を払わないことがコストを少なくして，それだけ会社の利益に貢献するのです。そういう意味では，**従業員の合理的な活用が**人事管理の一つの大きな目的です。

　さて，会社が本来関心があるのは市場から調達する労働力というサービスです。労働力というサービスは，労働市場で買うことができますが，機械や物とは違って，感情を持っています。ですから，そういう感情を持っている人たちに，気持ちよく仕事ができるようにすることがもう一つの目的です。言いかえると，やる気を高めて，会社は自分たちのことを考えてくれているのだと従業員に感じてもらえるようにすることが重要です。それが**モチベーション**，即ちやる気を高めるということです。

　ですから，一方では合理的かどうかということ，もう一つは**従業員のやる気を高めること**，この二つが人事管理を考えるときに非常に重要です。その二つが矛盾しない，両立することが一番望ましい

わけですが，この二つはしばしば齟齬を来します。

　例えば，会社が無駄に人を雇わないために，あるいは無駄にコストをかけないために賃金をなるべく抑制していくとか，あるいは，賃金が上がる人と上がらない人のめりはりをつけることになると，賃金が上がった人は当然やる気がおこり，賃金が上がらなかった人は，「会社は自分が一生懸命働いているのに自分のことを考えてくれない」ということになって，やる気をなくしてしまいます。

　合理的な活用だけを考えるのであれば，昇進できる人を厳選して，会社に最も貢献している人に昇進の機会を与えることが会社運営の面からは望ましい。しかし，合理性を追求し過ぎると一生懸命仕事をしたのに会社は自分たちのことは何もみてくれていないという不満が生まれ，多くの人のやる気が失われてしまいます。やる気がなくなった人が退職するのであれば，ある意味，問題は解決しますが，なかなかそうはならないのが現実です。

　そして，仕事でやる気がなくなるだけならまだしも，仕事以外のことで頑張ることになると問題です。そうならないためには，従業員が会社のほうを向いて，仕事に集中できる環境作りが必要です。そのためには従業員のやる気を保ち，モチベーションを高めることを踏まえた昇進管理が必要になります。「頑張っているんだからそろそろ昇進してもいいんじゃないの」という部分も必要です。しかしながら，このバランスが非常に難しいところです。

　従業員にやさしすぎる会社は，従業員がきちんと働かずにぶら下がることになり，**フリーライダー**（ただ乗り）が出てしまいます。逆に，合理的な活用ばかり考えていると，会社はそれこそ血も涙もな

いのかということになってしまいます。ですから，あらゆる国のあらゆる企業がおそらく，この二つの矛盾する課題をどのようにクリアするかに知恵を絞っています。これは永遠の課題で，解決策はお国柄とか企業とかで違うと思いますが，とにかく，この二つのことを頭に入れて人事担当者は仕事をしていかなければならないのです。

人事管理は誰がやるのか

Q いま，人事の担当者というお話がありましたが，会社には人事部や人事課といった組織があります。そこが人事管理のすべてを取り仕切っているのでしょうか。

A 人事部門だけが人事管理をやっているわけではありません。**人事管理を行っているのは①トップ・マネジメント，②人事管理を専門に行っている人事部門（人事部や人事課），それから，ある意味で一番大事なのは，③職場の管理職**です。実際に人の評価を行うとか，場合によっては人の採用を行うとか，そういう決定権を持つのは管理職であり，この人たちが実際に職場の人事管理で重要な役割を果たしています。

トップ・マネジメントの仕事

　トップ・マネジメントは，経営に関する方針を決定することが大きな仕事です。会社ではトップが方針を決めて，人事や営業といった下位の組織がその方針に従うのがガバナンスです。国家のガバナンスでは，政治家が国会で国の基本的な方向を立法化し，それを執行するのが行政府です。それと同様に，会社ではトップ・マネジメントが方針を決めて，それに従って人事部とか営業部の人たちが実際のマネジメントを行うのです。そういう意味では，トップが方針を決定するのがコーポレート・ガバナンスの基本です。

人事部門の仕事

　では，人事部門は何をしているかというと，一つは，企画・立案という仕事をしています。例えば，一定の規模以上の会社で従業員を管理するためには，社長の頭の中ですべてを取り仕切れないので，制度を介在して管理を行うことが必要になります。評価であっても，賃金であっても，例えば資格制度とか評価制度といったものを媒介として実際の人事管理は行われています。

　そのような人事制度の企画・立案は，もちろん，社内ですべてを決めるのではなく，アウトソースする部分があればコンサルティング会社の人たちと相談することもあります。あるいは社内でするのであれば実際に人事制度を作成したり，それを社内でオーソライズし，労働組合と話をしたり，職場の管理職に新しい評価制度の説明をする等，様々な仕事があります。

　人事部門の仕事の２番目は，社内調整です。これはマネジメント一般に言えることだと思いますが，個人の論理と組織の論理は必ずしも一致しません。組織とは個人の集合体なわけですが，個人はみな自分の給料が上がってほしいと思っているとして，全員の希望どおりに上げていたら会社はパンクしてしまうし，みんなが社長になりたいからといって全員を社長にするわけにはいきません。そういう意味では，個人の利益と組織の利益をいかに調整していくかが人事の基本なわけです。また，会社としてはＡさんを他の部門へ異動させたいと思っても，Ａさんの上司が反対しているといった場合に，人事の担当者が時間をかけて調整することも重要です。

　人事部門の３番目の仕事として，交渉という仕事があります。会社と労働組合との関係で，組合側は賃金アップを要求する，会社としては人件費コストを抑制したい。その結果，こうした利害の調整は両者の交渉によって行われます。経営の一翼を担っているのが人事部ですので，人事部は経営の参謀として会社に利益をもたらすことを考える。労働組合は労働者に利益をもたらすことに重きを置く。こうした二者間で交渉して落としどころを決めることになります。このような団体交渉も大事な仕事の一つです。

　まとめますと，企画・立案，調整，交渉の三つが人事部門が従事している重要な仕事になるのです。

管理職の仕事

　人事制度や評価制度を作るのは，人事部門の仕事としても，それを実際に運用するのは人事部門ではなく，職場で部下の管理を行っ

ている管理職です。

　部下の評価は，学校でいえば通信簿です。先生が生徒の通信簿を
つけるようなものです。人事部は通信簿のフォーマットを作ること
はできても，実際に通信簿をつけるのは担任の先生に当たる職場の
管理職です。職場の管理職は，部下の評価を行い，場合によっては
中途採用をして社外から優秀な人材を採用します。このような場面
において，管理職は重要な役割を担います。

　ここで，成果主義を例にトップ・マネジメント，人事部門，管理
職の分業関係を説明すると，トップ・マネジメントは，例えば「わ
が社の賃金は今まで年功賃金だった。しかし，それが従業員のモチ
ベーションを低下させ，人材流出を引き起こすようになった。だか
ら，もっと短期的に従業員の個人の成果を処遇に反映させるべきで
ある」といった決定を下します。年功賃金を，より成果主義的にす
るという決定をする，これはトップ・マネジメントにしかできない
ことです。

　それを受けて，実際に他社の事例ではどういう成果主義の人事制
度があるかを調査したり，コンサルティング会社の話を聞いたり，
場合によっては社外の講演会に出かけたりというように，さまざま
な方法で情報を収集し，自社に合った，その会社用にカスタマイズ
された成果主義の人事制度を導入するための活動，すなわち制度作
り，社内の調整，労働組合との交渉などを行うのが人事部門の仕事
です。

　さらに，実際に評価制度を機能させるのは一職場の管理職ですか
ら，管理職に対する説明が必要になります。「通信簿はこういうつけ

方をします」,「今までの通信簿とはこう違います」,といったことを職場の管理職に説明するのも人事部門の仕事です。

　ただ,トップが方針を決定して,人事部門が立派な通信簿を作っても,それがうまくいくかどうかは,職場で実際に通信簿をつける管理職が新しい制度の趣旨をきちんと理解しているかどうかで決まります。そういう意味では,一番重要なのは職場の管理職がその新しい評価制度のもとで,部下の働きぶりに見合った,めりはりのある評価を行い,それを処遇に反映させることです。こうした分業を通じて,トップ・マネジメント,人事部門,管理職がそれぞれの立場から人事管理に関与しているのです。

トップ・マネジメント⇒人事部門⇒管理職

Q 　一番大きなかじ取りをする(方針を決める)のがトップ・マネジメント,それを受けて企画・立案,調整,交渉を行うのが人事部門,人事制度の運用を行うのが職場の管理職という流れは,どの会社でも同じですか。

A 　会社には広い意味での会社の方針を決定し,それを監督するような経営者がいて,それを受けて実際の日々の業務を行う職能部門が存在しています。ですから,**コーポレート・ガバナンスの基本は,人事という側面でいえば,経営が人事を決定して,人事が経営を決定する**ということではないのです。

ただ，そこで問題なのは，たしかに経営が人事を決定するというのはそのとおりですが，経営と人事の関係は，日本企業の特質を考えると，今少し複雑です。どういうことかというと，日本の企業では経営者は多くの場合，自社の従業員から企業内昇進で選ばれます。もちろん，日本企業が海外から社長を招聘した事例もありますが，日本では会社の従業員が生え抜きで経営者に昇進して，そしてトップ・マネジメントに上り詰めていくのが一般的です。

　そういう意味では，経営が人事を決定するというのは，コーポレート・ガバナンスの枠組み上はそうですが，では，その経営者はどのように選ばれているかというと，会社の中で係長が課長になり，課長が部長になるというトーナメント型の昇進競争を勝ち抜いて，最後に部長が経営者になるのです。そこで，係長が課長になり，課長が部長になり，というプロセスを管理しているのは誰かというと，それは人事部門に他なりません。要するに，**経営が人事を決めているというのはもちろんその通りですが，同時に経営者の選抜においては人事部門が参画していることも事実です**。そういう意味では，人事部門も一定の影響力を経営に対して持っているのです。経営が人事を決定する，同時に人事部門も経営者の選抜に一定の関与をしている，こうした二面性が日本のコーポレート・ガバナンスの特徴であると言えるでしょう。

人事管理の範囲とは

Q 　人事部門が経営者を選抜するのに一定の関与をしているというお話でしたが，経営者も人事管理の対象になるのでしょうか。

A 　この本で考えている人事管理の対象は，会社の従業員という身分，すなわち会社に雇われている人です。先程，会社の中で，係長が課長になり，課長が部長になり，部長が役員になるというお話をしましたけれども，身分上は，役員になる際に会社を退職して退職金が支給されることになります。係長が課長になり，課長が部長になるというところまでは，それがどういう手順で行われ，何がそれを決定しているのかに関しては，さまざまな研究が行われています。そういう意味では人事管理を学問的にとらえることは可能だと思います。ただ，部長が役員になる段になると，社内の派閥であるとか，社内の力学であるとか，政治であるとか，複雑な問題がいろいろと関与してきて，人事管理という学問では取り扱えないことも多いのです。

　ということで，人事管理の対象となるのは会社に雇用されている従業員（直接雇用＝直用），それから，あとで出てきますが，会社に直接雇用関係はないけれども，会社の指揮命令のもとで仕事をしている非直用の人たち，そのような人たちを念頭においてこの本はまとめられています。

人事管理の定義とは

Q 今までのお話で人事管理の大まかなイメージはつかめました。次に改めて，人事管理の定義についてもうすこし詳しくお話いただけますか。

A 企業では，最大の利潤を獲得するという究極的な目的に対して，それぞれの人がそれぞれの立場で関与しています。

例えば，営業部門であれば，いかに自社の製品のシェアを高めるかとか，自社の製品の値段を下げてでもシェアを獲得していくかということもあるでしょうし，営業活動を行って売り上げを伸ばしていくことも重要です。生産部門であればいかにいい商品を作るかとか，外注部門だったらいかに仕入れ値を安くするかとか，それぞれの立場で最大利潤の獲得に関与しています。人事部門ももちろんその例外ではなく，人のマネジメントを通じて最大利潤の獲得に関与しています。人のマネジメントが，如何に最大利潤の獲得に関与するか，一つは，従業員を合理的に活用する，即ち無駄に人を雇わない，無駄にコストをかけないということです。

問題なのは，このコストを下げることが，やる気も低下させてしまいかねないことです。会社が関心を持っているのは，利潤獲得の担い手である「労働力」というサービスですが，これは人間人格と分かちがたく結びついています。逆に言えば，その人間人格に訴え

ることによって，従業員のやる気につながれば，利潤を増大させることが可能となります。すなわち，人事管理をしっかりすることで，従業員のモチベーションとかモラールといった問題を解決することができるのです。

　この二つの問題，従業員を合理的に活用することと彼等のやる気を高めることが，両立できれば一番いいのですが，しばしば齟齬を来します。やる気を高めることだけを重視すれば従業員にやさしい会社になりますが，それは合理的な活用とは相容れません。逆に，合理的に活用することばかり考えていくと，今度は人員を合理化し，賃金も抑えられて，人間関係に配慮しないようになると職場がぎすぎすしてきます。そういうぎすぎす感が堆積していくと，会社にとってはマイナスです。ですので，この二つをどのようにかじ取りするかは，永遠の課題であり，あらゆる企業のあらゆる職場に課せられているのです。

　これらが，人事管理を行う上で配慮しなければいけない二つの重要な要素ですが，次に人事管理の定義に話を進めましょう。人事管理は，岩出博先生の『LECTURE人事労務管理（増補版）』（泉文堂，2013年）という本にもあるように，人事管理であるとか，**労務管理**であるとか，**人事労務管理**であるとかいう用語が使われ，それぞれに関して狭義・広義，最広義というように定義も非常に多岐にわたっています。これはおそらく，既存の企業の人事を担当している組織の呼称に影響されていると思います。例えば，人事部の中に労務課があれば，人事管理というのは労務管理よりも広い概念になります。逆に労務部の中に人事課があれば，労務管理は人事管理より

も広い概念ということになるのです。

　こうした企業の呼称に引きずられた定義ではなく，もう少し機能本位で考えていくと，最も基本的な人事管理の機能は，雇うこと，そして，労働の対価としての賃金を支払うことです。それから，何かの事情で雇う必要がなくなった，雇えなくなった人に辞めてもらう。この「**雇う**」，「**払う**」，「**辞めてもらう**」のが人事管理の最も基本的な３要素です。

　私がイギリスにいたときに，ロンドンにあるシティの金融機関を取材したことがあります。インベストメント・バンクでしたが，「この会社で人事部は何をしているか」と聞くと，「ハイアリング（hiring），ペイイング（paying），ファイアリング（firing）」という答えが返ってきました。「雇う」，「払う」，「辞めてもらう」というのは人事管理の最も基本的な内容です。従業員の合理的活用という考え方を究極まで突き詰めていくと，人事部門の仕事はこの三つに集約されるのです。

　しかし，このように人事管理が最も基本的な機能しか担わないと考えるのは，今日では少数派です。**企業にとって，競争に打ち勝つためにはコストを下げる，例えば可能な限り労働力を機械に置き換えることはもちろん必要です。しかし，人で付加価値をつけることも同時に必要なのです。**多くの企業が，企業内労働市場というかたちで，企業の中にあたかも労働市場があるかのように，採用であるとか，育成であるとか，配置・昇進という機能を企業の内部に持たせて，労働市場の機能を内部化しています。こうした労働市場の内部化は，人で付加価値をつけることが必要であるという考えに基づ

いています。つまり企業は他社と差異化され，他社に対して優位性を持ちうる人材を自社で育成しなければいけないのです。

　もちろん，他社に対して優位性を持ちうるような人材が，外部の労働市場ですぐに見つかれば一番いいのですが，なかなかそういう人材は社外から見つけられません。自社にとって必要な人材，カスタマイズされた人材は手間暇かけて自社で育成していかなければならないのです。つまり，人をコストと見なすのが古典的な人事管理だとすれば，人に付加価値をつける，そして，人で付加価値を生み出すことを前提にした人事管理が今日の主流です。そのことを最近では，**人的資源管理**という言葉で表しています。

　この本のタイトルは『はじめての人事管理』ですが，背景に「人的資源管理」という，人によって付加価値をつけていくという考え方を念頭においていることを読者の方々にご理解いただきたいと思います。

本書の内容

Q　この先，この本ではどのような話題が出てくるのでしょうか。

A　本書で扱う内容は，下記のとおりです。

　第1時限目は，**非正社員・正社員・管理職**を取り上げます。会社の中には，いろいろな立場の人がいるというお話をします。

会社の中に勤めている人，雇われている人にはいろいろな立場の人がいて，それぞれが利益の増大という会社の目的に貢献しています。そこで，それぞれが会社の仕事のなかでどのような役割（昔は「身分」と言っていましたが今は「役割」と言います）を果たしているかについて，述べていきます。

第2時限目は，**「年の功」**から**「年と功」**について説明します。日本ではよく「終身雇用」とか「年功制」という，世界でも非常に珍しい人事管理の仕組みがあると言われています。この仕組みはこれまでどのような役割を担っていたのでしょうか。昔は，「終身雇用」，「年功賃金」，「企業別労働組合」，この三つを「三種の神器」と言いますが，この点についてもお話ししたいと思います。

第3時限目は，**人事制度**について説明します。人事制度は，日本は伝統的にポストあるいは役職，それから「位」といった「偉さ」を表すもの，そういう二つの序列を別々に作って，別々の基準で従業員に与えるというやり方をとっています。これが日本の企業のフレキシビリティを高めてきたのです。

第4時限目は，**人事部門の組織と機能**について説明していきます。なぜ人事部門が存在するかについては，あとで詳しくお話ししたいと思いますが，会社全体に関係するような人事制度の構築とか，労働組合との交渉など，会社全体にかかわることを処理するには，一つの組織を作ったほうが効率的です。これが経済学では「規模の経済性」と言われるものです。

第5時限目からは，企業の人事管理の具体的な領域についてのお話です。

　まず第5時限目は，**初期キャリア管理**です。どんな組織でもそう
ですが，メンバーシップを与えることは非常に重要です。これは企
業にかかわらず，どんな集団でもそうです。例えば，大学のゼミな
どでもそうだと思います。いったん与えたメンバーシップは，そう
簡単には解消できません。成果主義の問題なども大事ですが，実は，
メンバーシップを誰に与えるかが人事管理においても最も重要な問
題なのです。特に日本では，新規学卒採用というかたちで，大学卒
業後すぐに職業経験なく会社に入るという慣行が定着しています。
その中でどのような形で，新入社員が会社に適合していくのか，ま
た，適合させていくのか，ということについてもお話ししたいと思
います。

　第6時限目のテーマは，**ビジネスパーソンは仕事と上司を選べる
か**という根源的な問題です。配偶者は自分で選べても仕事と上司は
選べない，というのが宮仕えの悲哀です（笑）。現実として，組織
の論理は個人の論理に優先するので，自分はあの上司のもとでしか
仕事をしないとか，あの仕事しかやらないというのは実際には難し
いのです。ただ，まったくできないかというと，ある限定された仕
組みの中では可能であり，そうさせたほうが，先程言ったように個
人にやる気を出させるとか，会社と個人，仕事と個人のマッチング，
すなわち人のベストマッチングにつながることもあります。そのよ
うなことも含めて，会社の人事はどのように決まっていくのか，と
いう点を取り上げたいと思います。

　第7時限目では，**賃金制度**についてお話します。人が企業に雇わ
れて，仕事をして，その対価すなわち報酬として受け取るのが賃金

です。賃金は，実際には賃金制度によって個人に配分されるわけですが，この制度には大きく分けると「ヒト基準」と「仕事基準」という二つの軸があります。そして，この二つの軸の間を振り子の様に揺れ動いているのが，現実の賃金制度の歴史なのです。

第8時限目は，**時間と空間**ということで，労働時間と仕事の裁量性についてです。労働時間は，賃金と並ぶ労働条件の大きな要素ですが，日本は昔から労働時間が長いと言われています。それには，仕事をしている時間の絶対的な長さと，統計で他国と比べて長いかどうか（比較）という2つの側面があります（これは実は統計の対象になっているのが，例えばパートタイムを含むか含まないかということによって全然違ってくるので，一概には言えません）。ここでは，そういう話もさることながら，例えば，日本の組織における意思決定とか，日本人の職場との関係という観点から労働時間を考えていきます。それから，先程，仕事と上司は選べるかと申し上げましたが，仕事をする場所，あるいは仕事の納期，そういうものが選べれば，裁量性が非常に高くなります。果たして，日本の会社で可能なのか，そういうことをお話ししたいと思います。

第9時限目は**会社は託児所?**と題しました。最初に人事管理の例示として挙げた，ファミリーフレンドリーという問題を取り上げます。ファミリーフレンドリーとは，会社に雇われている人が，仕事と自分の家庭をどう両立するかということです。本来，仕事と家庭をどう両立するかは，会社にとっては関係のないことで，会社は従業員が仕事をしてくれればいいのです。しかし，仕事の基盤である家庭がぐらぐらしていると，個人が仕事よりも家庭に向いてしまう

ので，「仕事と家庭を両立できるようにしますから，きちんと仕事をしてください」というのが，会社のスタンスです。

　近年，女性の労働力が増えてきました。他方では少子化が問題です。その結果，会社が仕事と家庭の両立にあたたかくなりつつあります。仕事と家庭を両立することに関して従業員にあたたかい目を向けていくことが，従業員に親切にするとか，単に従業員への人道上の理由というだけではなく，会社にとってもプラスになるという考え方が主流になりつつあります。

　もちろんこれには，ファミリーフレンドリーを推進している行政への対応という側面もあります。しかしながら，行政への対応だけなら法定基準だけ満たせばいいわけです。法定基準以上のことをするのは，他社よりもよりいい条件を提示して，いい人を新卒労働市場から採用できる，あるいはいい社員に退職されないようにする，要は企業間の一種の「人材獲得競争」の側面がファミリーフレンドリーにあるからです。ファミリーフレンドリーとして昔からあるのは転勤の問題，現在では育児休業と介護休業の問題が重要です。

　第10時限目は，**日本的経営とベスト・プラクティス**で，日本の企業が海外に進出する場合に人事管理をどのように行うのかを取り上げたいと思います。

　最後は，**「成果中心」主義の光と影**です。この章では，日本の企業の人事管理の方向性について考えたいと思まいす。近年，成果主義を導入することについてさまざまな議論が行われてきました。会社として存在する限り，成果を求めること自体は当たり前のことですから，それが是か非かという議論は，あまり意味がありません。

成果主義の議論の論点は，個人の短期的な成果を重視するかどうか，つまり「成果中心主義」の是非だと思います。これに関して，さまざまな問題があることをご説明いたしましょう。

ディスカッションテーマ

○人事管理の目的は，ヒトの面から会社の利益の増大に貢献することですが，では賃金をカットすることやリストラを行うことでその目的は達成されるのでしょうか。

○あなたが知っている大企業のホームページにアクセスして，その企業の人事方針について調べてみましょう。

第1時限目

非正社員・正社員・管理職
——さまざまな従業員グループ

会社で働くさまざまな従業員
——正規雇用か？パートか？派遣か？

Q 　　1時限目の話題は，非正社員・正社員・管理職についてですが，どうしてこんなにいろいろな立場の人たちが会社で働いているのでしょうか。

A 　　会社にはさまざまな立場の人がいて，自分の立場に応じて会社の利益の増大に貢献しています。例を使ってお話をすると，本が必要なとき，その本を図書館で借りるというやり方もありますし，書店で買うこともできます。場合によっては新刊ではなく，古書で買うかもしれません。

　同じように，人手が必要になったときに会社は，まず労働サービスを「買う」（人間そのものを売り買いするわけではありません。人身売買

表1　さまざまな従業員グループ

	契　　　約	会社内での役割
正　社　員	雇用（期間の定めなし）	判断を要する仕事
パートタイマー・アルバイト	雇用（期間の定めあり）	補助的な仕事
契　約　社　員		比較的正社員に近い仕事
派　遣　社　員	派遣契約（指揮命令可）	定型的な仕事

（注）　各雇用形態の特徴について一般的な傾向を表したものである。

とは違います）という選択肢があり，これを「雇用」と言います。それから，労働サービスを「借りる（リース）」という選択肢もあります。これに当たるのが「派遣や請負」です（表1参照）。大きく分けてこのような二つの選択肢があるのです。では，どういう人を雇うのか，どういう人を借りてくるのかについてお話ししたいと思います。

会社の中での役割の違い

　会社がいろいろな立場の従業員を必要としている理由は，一つは，会社の中での役割に違いがあるからです。会社の中では判断を要求される仕事もあるし，比較的補助的な仕事，それから（補助的な仕事とはちょっと違うかもしれませんが）一定のスキルは必要とするけれども，定型的な仕事があります。

　判断を要する仕事は，会社の中でいろいろな仕事を経験しながらできるようになるので，会社は直接人を雇ってこうした仕事を経験させることになります。すなわち，判断を必要とする仕事の場合は，

比較的長期の雇用になります。補助的な仕事に関しては，やはり会社で雇う必要がありますが，比較的短期の期間を限って雇用するのが一般的です。

　労働者の労働条件について，最低基準を定めている法律を**労働基準法**と言います。この法律の基準に照らすと，**雇用契約期間は期間に定めのない雇用（正社員），期間の定めがある雇用（非正社員）**の二つに分けられます。非正社員は，例えば**パートタイマー**とか**アルバイト**に分類されます。**フリーター**と言われている人たちの多くは，ここに入るのですけれども，雇用契約期間を定めて雇われます。**雇用期間は，期間の定めのないものを除くと，一部例外はありますが，原則 3 年以内の期間（平成16年労働基準法第14条改正）**となります。ここまでは，会社と直接雇用契約（直用）を結ぶ従業員で，先程の本の例で言いますと，こうした選択肢は「本を買う」ことに当たると言えるでしょう。

人材派遣会社の役割

　それに対して，「本を図書館で借りる」ことができるのと同様に，図書館に当たるところから人を借りてくるという選択肢もあります。この場合図書館に当たるのが，**人材派遣会社**で，期間を決めて人を借りることができます。これが**人材派遣**です。

　まとめると，まず正社員は，会社がいろいろな仕事を経験させながら，判断を要する仕事を担っている。次に，どちらかというと補助的な仕事については，有期雇用契約の非正社員が行います。それから，会社と直接雇用契約を結んでいない非直用労働力だけれども，

会社で仕事をする人がいて，この人たちは派遣社員と言われています。そのほか，派遣と似て非なるものとして請負があります。派遣と請負の違いは，派遣先（請負先）が労働者に対して指揮命令を行えるかどうかという点にあります。指揮命令を行えるのが派遣，行えないのが請負です。

日経連の「雇用ポートフォリオ」論

以上が役割の違いという観点からみた正社員，非正社員，派遣社員です。もう一つ別の観点からお話しすると，1995年，日本経営者団体連盟（現・日本経団連）が『新時代の「日本的経営」』というレポートをまとめ，「雇用ポートフォリオ」に関する企業の考えを2回にわたって調査しています。

ポートフォリオとは，投資家からお金を預かって運用を行う資産運用会社で，実際に運用するファンドマネージャーが投資の銘柄を決める際に，リスクを回避するために銘柄を分散させることを言います。仮に一つの銘柄だけに投資をすると，その価値が下がったら投資したお金を全部失うことになりかねません。これでは，投資家にきちんと利益を還元できないので，株式を買う，債券を買う，それから株式でも新規公開株を買う，という形で投資の銘柄を分散させるのです。

それと同様に，雇用に関しても正社員だけ雇用すると，例えば，会社が人を必要としなくなり，人を減らさなければいけなくなったときに対応できなくなります。なぜかというと，人を減らすというのは一般的には解雇を意味しますが，期間に定めのない雇用契約を

結んでいる正社員は簡単に解雇できないからです。従って，正社員を雇うためには，その背後に雇用調整が比較的容易な非正社員とか非直用の社員の存在が必ず必要になるのです。

それから，特に日本の場合は，正社員を一人雇うと給料はもちろんのこと，賞与や福利厚生費などがかかります。人一人を雇うことによって生じる労働費用の約２割が福利厚生費です。この負担が大きいのです。

契約社員とは

Q 正社員とパートと派遣についてうかがいましたが，他にも契約社員という雇用形態を聞いたことがあります。これはどういうものでしょうか。

A 先程代表的な非正社員としてパートタイマーをあげましたけれども，パートタイマーは，例えばチェーンストアであればレジを打つとか，店舗で品揃えをするとか，多くの場合補助的な仕事をしています。ただし，実際には正社員とほとんど変わらない仕事をしているけれども，たまたま雇用期間が有期である，そういう人たちもいます。

他の非正社員についても，学生であればアルバイトという働き方があります。アルバイトとパートタイマーは，雇用形態の上では全く同じです。両方とも，雇用契約期間の定めがある雇用形態です。

ただし，主婦層が主な担い手である場合には，「パートタイマー」と言い，学生が主な担い手である場合には，「アルバイト」と言います。その他に，「フリーター」と呼ばれている人も多数います。基本的には労働者の属性で呼称が違うのです。

　例えば，学生アルバイトでしたら，お中元とかお歳暮の配送とか，比較的単純で補助的な仕事が多いわけです。これに対して，**契約社員**はどちらかというと，有期雇用の中でも正社員とかなり近い仕事をしている人達です。

正社員は何をしているか？
──判断業務に必要な「幅広いキャリア」の必要性

Q 正社員は判断を伴う仕事をしているということでしたが，具体的にはどんなことをしているのでしょうか。

A 組織の中には，**マニュアル**に従って，言われた仕事をするだけではなく，自分の**裁量や判断**に従って仕事をする人がいます。**不確実性**に対処し，下位者を管理する立場の人達です。これが正社員です。

　こうした人材は社外から中途採用することもできますが，やはり会社の中で育成していくことが重要です。ただし，これからはそういう人を企業の外から連れてくることも増えていくでしょう。

キャリアの幅広さが必要

　ところで，人を育成するためには，**キャリアの幅広さ**が必要になります。従って，正社員に必要なのは，やはり自分の会社に合ったキャリアの幅広さです。例えば，人事だけど営業のことも多少理解していて営業に話を通せるとか，経理・財務で連結決算だけでなく工場の原価もわかりますといった幅広さを持つ**カスタマイズされた人材**が必ずいて，こうした人材が会社にいろいろな付加価値をつけていくのです。

　これに対して，どこの企業でも等しく価値を有する人材であれば，わざわざ会社の中で育成しなくても，労働市場から「買えば」良いのです。会社が自ら手間暇かけて育成しなければいけないのは，外部労働市場からは「買えない」人材であり，正社員に求められているのはこうしたキャリアのいくばくかの幅広さであると言えるでしょう。この点が非正社員と大きく違うところだと思います。

社内での幅広いキャリア

Q いまのお話にあった幅広いキャリアというのは，あくまで会社の中での幅広いキャリアということですか。

A **キャリア**という言葉には，転職というイメージがあります。日本は終身雇用で同じ会社の中にずっといる，これに対して欧米の社会では転職は当たり前だと一般的に言われています。

しかし，企業と企業の間で転職することだけが，**労働市場**ではありません。雇用や賃金が決定される，人が仕事に対して異動するといった労働市場の機能は，現代の企業では大なり小なり企業内に取り込まれています。これを**企業内労働市場**と言います。そして，従業員にとっては，こうした特定企業の中でキャリアを形成することが重要になるのです。

その場合，個人が自分で主導して自分のキャリアを形成していくのと，企業が主導して個人に職歴を与えていくという二つのやり方があります。個人の側から見たキャリア論という観点はまた別ですが，人事管理の観点では，企業主導で従業員のキャリアを培うことに注目したいと思います。

というのは，仮に本人に**キャリア形成**を委ねると，新しい仕事に挑戦して失敗して左遷させられたり給料が上がらなければ，それは

個人の損失になります。従って，**どうしても失敗したときのリスクを考えて，仕事を限定してしまう，つまりキャリアが「タコツボ」的になります。**そうすると，個人主導型のキャリアでは，会社にとって必要なキャリアの幅広さを有する人材は育成されないので，どうしてもその供給は過少になります。そうならないためには，やはり企業が主導的に人事を行うことが，企業内労働市場では必要なのです。

ゼネラリストとスペシャリスト

　たぶん，**どこの国の企業でも，幅広いキャリアを持った人材，一般的にはゼネラリストと呼ばれている人材と，スペシャリストと言われる特定の分野でキャリアを培った人材の両方が存在します。**このようなゼネラリストとスペシャリストの組み合わせによって，会社の人事は動いています。国によって違うのは，ゼネラリストとスペシャリストの割合で，おそらく日本は，ゼネラリストがやや多い組織ではないかと思います。

　それには，さまざまな要因が考えられます。一つは長期雇用なので，長期雇用の中で人を処遇するためには，仕事を変えることによって上の仕事に押し上げることが必要だからです。また，日本では組織の下位で調整してそれを管理職に上げる，つまり，下から上に意思決定を委ねていくので，このような調整型の組織においては幅広いキャリアを経験した人が必要になるということも重要です。

パートタイマー，派遣労働者は何をしているか？
——補助業務，定型業務

Q それでは，非正社員，パートタイマーや派遣社員は具体的にどういう仕事をやっているのでしょうか。

A 正社員が判断業務とすると，非正社員の仕事の一つは，先程お話したように，補助的な仕事です。彼らは，正社員の判断に従って仕事をするのです。例えば，スーパーのレジや棚の陳列・配置をする等の仕事です。

これらは，有期雇用の中のパートタイマーと言われる人たちが行う仕事です。しかし実際には，先程言ったように有期の中でも契約社員と言われる人たちがいて，雇用契約は有期だけれど，仕事の内容はかなり正社員に近い人もいます。ですから，管理職的な仕事には就かないけれども，一定の判断もするような仕事をやるということで，非正社員の仕事の範囲はかなり多様化しているのが実態です。

非正社員は有期の労働力

正社員とパートタイマーを含む有期の労働力の違いは，雇用契約が期間に定めのないもの（正社員）か，あるいは原則3年以内の雇用契約が明確に決められているものかという点にあります。会社によっては短時間正社員という仕事もありますが，これも普通の正社員に比べて労働時間が短いだけで，雇用形態が期間に定めのないも

のであれば，やはり正社員です。

　それに対してパートタイマーなどは，有期の雇用契約です。ただし，有期といっても難しいのは，例えば雇用契約は半年でも，半年の雇用契約を何回か繰り返していくと，この人は事実上固定的な労働力と見なされます。例えば，半年が4回継続して2年たったところで，契約期間が終了したから辞めてくださいというのは，なかなか難しいわけです。こうした雇止めに関する規制は，従来は判例法理のレベルでしたが，改正労働契約法ではこの点が判例法理の内容で規定されました。

　なお，2013年4月からは，有期労働契約が反復更新されて通算5年を超えた場合に，非正社員から申し入れがあれば，企業は無期労働契約に転換しなければならなくなりました（例外として，大学等及び研究開発法人の研究者，教員等については，無期転換申込権の発生までに通算10年間が必要。）。

非直用の派遣社員

　このような問題を回避できるのが派遣社員，つまり「人のリース」です。先ほど例をあげて説明しましたが，人材を「買う」のではなく，派遣会社から「借りてくる」ことです。これが，人材派遣と呼ばれるものです。**正社員が判断業務で，パートタイマーが補助業務だとすれば，派遣社員は，定型業務といいますか，一定のスキルを必要とするけれども判断を要しない仕事に従事します。**例えば，会社の受付の仕事などがこれにあたります。

　人材派遣は，1986年に**労働者派遣法**が施行された当初は，日陰の

就業形態でした。また，人材派遣という就業形態を多くの業種に緩和しすぎると正社員の雇用を侵食するのではないかということが懸念されていて，正社員の雇用を守る企業別労働組合には，派遣社員の規制を緩和することは非常に抵抗がありました。だから，「ポジティブ・リスト」というかたちで，派遣の対象としてよい仕事が厳しく規制されていて，リストに載っていないものは許可しないという「原則禁止」でした。

しかし企業がいったん派遣社員を使い始めると，その便利さなどからどんどん規制緩和を求め，あるいは派遣会社も自分のビジネスを拡大するために規制緩和を求め，大幅な規制緩和がなされました。

しかし，現在ではこの人材派遣制度も，3年間人材派遣で同じ会社へ派遣されると直接雇用への転換を申請できるようになっています。派遣社員といえども，企業にとっては完全に流動的な労働力ではないのです。

2000年代の半ばから，新聞報道などによって摘発されている「偽装請負」という問題は，今述べたことの延長線上にあると言えるでしょう。即ち，**請負**という就業形態を，あたかも人材派遣のように利用することが**「偽装請負」**に他ならないのです。ここには，企業の本音が見え隠れしています。

請負とは派遣と何が違うのか，派遣は，派遣会社と雇用契約を結んでいますが，指揮命令権は派遣された先の企業にあり，雇用契約と指揮命令権とが乖離しています。これが請負になると，派遣先は仕事に対して一切命令できない，なぜなら請負会社が仕事を全て請負っているからです。しかし，実際には請負であっても，派遣で

あっても，企業には働いている人に直接「指揮命令」したいという指向性が常にあるので，こっそり指揮命令をしてしまう。しかも，請負の場合，派遣のように3年たったら直接雇用をするという規制はないので，雇用の固定性は免れたまま指揮命令できるという，企業にとっては「理想型」の運用が行われているという問題が背景にあるのです。

　行政は，期間の定めのある流動的な労働力を固定的な方向へ誘導しています。ところが，企業は**コスト削減**が至上命題ですから，行政が固定化を促そうとすると，その外側にさらにまた流動的な部分を作るわけです。そうすると，そこを行政が固定的にしようとする，さらにまたその外側に企業が流動的な部分を作ろうとする。世の中の安定を求める行政と，コスト削減を至上命題とする企業のせめぎ合いは，この先おそらく永遠に続くでしょう。

管理職は何をしているか？

Q　正社員の話に戻りますが，正社員の中には「管理職」と呼ばれる人がいます。管理職とはどういう人たちで，どのようなことをやっているのでしょうか。

A　**管理職**とは，部下をマネジメントする人たちの総称です。まず，簡単に法律の話をしますと，**管理職の一つの側面は労働組合法上で使用者の利益を代表すること**，つまり，会社

側の人間であって，労働組合側の人間ではないということです。それからもう一つは**労働基準法で管理監督者，つまり，経営と一体になっている**という側面です。

　そうは言っても，使用者の利益を代表しているのかいないのか，それから，経営と一体になっているのかどうか，ということは，本来は一つひとつの仕事を精査して，この仕事は使用者の利益を代表しているか，この仕事は管理監督者の仕事であるかを定義しなければなりません。しかし，現実には会社の仕事は常に変化するので，例えば，経営者が労働組合法や労働基準法に照らし合わせて管理職の範囲を定義することは非常に繁雑です。従って，会社の人事制度では，どこから上が管理職，どこから下が非管理職というかたちで一律に線が引かれていることが少なくありません。

「名ばかり管理職」と労働基準法

　その結果，本来の労働組合法や労働基準法の基準に照らすと管理職とは必ずしも言えない人たちが，会社の中では「管理職」扱いになっています。例えば，昔から「部下なし管理職」がいて，会社の人事制度で一定の格付けよりも上に格付けられているから，会社では管理職であり，残業手当は支払われない。しかし，実際にその人が部下をマネジメントする仕事をしているか，それから，労働基準法上，労働組合法上で使用者の利益を代表し，管理・監督者かというと，必ずしもそうではないのです。

　2008年には，大手外食チェーンの**「名ばかり管理職」**問題が大きく取り上げられました。これは，このチェーンの店長は，労働基準

法上では，「店長は一律に管理職である」という区分けになっているが，店長の仕事の少なからずは労働基準法上の管理職の要件を満たしていない。にもかかわらず，管理職に格付けるのは不当だという訴えを起こしました。管理職になると，労働基準法上の労働時間管理の適用除外になるので，残業手当を払わなくてもよくなります（ただし，深夜業についてはこの限りではありません）。しかし，本来，管理職には，残業手当を払わなくていい代わりに，ポストに見合った待遇を与える必要があるのです。

　この裁判で裁判所の判断は，以下の基準に従って行われました。まず，職務の内容，仕事の内容，権限が事業経営に関する重要事項に関与していること。また，勤務形態が労働時間を規定することにはなじまないこと。さらに，給与及び転勤において管理監督者にふさわしい処遇がなされていること。このような基準が，一般的には管理職であることの妥当な判断基準だと言われています。従って，これらの条件にあたらないのに，店長を一律に管理職として，残業手当を支払わないのは不当であるという判断が下されました。

　これが「名ばかり管理職」問題の顛末です。彼らは会社で人事制度上は管理職という位置づけになっているけれども，労働法上の管理職や，われわれが実際にイメージしている管理職とはかなり乖離があります。この乖離がなぜ生じるかというと，やはり残業手当を支払いたくない，という会社側の欲求があるからです。コストを削減したいという会社の基本的な行動原理がこうした乖離を引き起こすのです。

　単純にコストを削減するだけで，仕事に見合った賃金を保障しな

ければ，従業員はやる気を失います。さらに，やる気がなくなるだけではなく，訴訟問題になってしまうと，またそれに対して非常に大きなコストがかかってしまうのです。やはり会社は，こうした問題にしっかりと配慮していく必要があるでしょう。

雇用形態により賃金の払い方も額も違う

> **Q** いろいろな雇用形態があるというお話でしたが，賃金の支払い方や金額はどのように違うのですか。

A 正社員，非正社員，それから非直用の派遣社員は，それぞれ立場が違いますから，当然，報酬も違ってきます。一般的に労働市場には**同一労働・同一賃金**という原則がありますが，実際には同一労働というのは，そう頻繁にあることではありません。

しかしこの点に関して，会社は従業員に対して**説明責任**があります。同じ会社の中で，例えば正社員だった人が定年になりその会社で継続雇用され，今度は非正社員になった。しかし，会社としては，継続雇用した人に今までと全然違う仕事をさせるよりは同じ仕事をしてもらった方が好ましい。他方，定年に到達したら，そこで1回リセットして賃金も見直したい。それによって，今まで雇用していた人も安く活用したいと考えるのは，企業が利潤を追求する以上止むを得ないことです。

　ただし，その場合には，会社が個人に対して，「あなたは定年前と後とで役割が変わったのですよ，今までは部長だったけれども，もう管理職ではないのですよ，だから給料もこのように見直されるのですよ」ときちんと説明する必要があります。その説明をして本人も納得していれば，定年到達前と後とで給料が下がることは，なんら問題がないわけです。その説明をしないで，今までと同じ仕事をやってくださいと言っておいて，肩書きもほとんど変わらずに賃金だけ下げるのは，やはり個人のやる気をダウンすることになるので，避けなければなりません。

正社員と非正社員の均衡処遇

Q　非正社員のやる気というお話がありました。最近は非正社員の基幹化が進んでいるということを聞いたことがあります。非正社員が正社員のように重要な仕事をやっているような状況では，非正社員の処遇も上げていかなくてはいけないと思うのですが。

A　そのとおりです。非正社員の労働条件を考える場合に，**労働組合**のあり方が重要になってきます。日本の企業別労働組合は，まずは正社員の利益を守り，（非正社員のことをないがしろにしているわけでは決してありませんが）正社員の労働条件を向上させることが行動の原理原則だったと思います。

ただ，非正社員のウエイトが高まるような環境では，企業が顧客を獲得するのと同様に，労働組合も組合員の範囲を広げていかないと，労働組合としての活動もじり貧になりますし，組合員が増えたほうが**組合財政**的にも潤うわけです。そういう意味では，非正社員も労働組合に加入してもらい労働組合の組織を拡大し，その要望に応えて労働条件を引き上げていく必要があるかと思います。

　特に正社員と同様の仕事をしている基幹化した非正社員が増えると，雇用形態が違うだけ非正社員の労働条件が低いことが問題になり，均衡処遇が求められることになります。**均衡処遇**というのは，正社員と非正社員の賃金を全く同じにするということではありませんが，同じような原理原則で決めなさいという考え方です。これから，正社員だけではなく，非正社員を有効活用する場合に，こうした点に配慮しなければならないのです。

幅広いキャリアを作るための仕組み

Q　正社員は幅広いキャリアが必要だということでしたが，実際に幅広いキャリアを経験するには時間がかかると思います。その場合，長く企業にいてもらうための工夫が必要だと思いますが。

A　会社が正社員に期待する仕事は，社内で付加価値を生み出す判断業務です。正社員は，会社に幅広いキャリア

を用意され，いろいろ判断業務を経験しながら，付加価値を生み出すことができます。しかし訓練が終わったところですぐに辞められてしまうと，会社は付加価値を得ることができず，訓練のコストを回収できなくなる，従って定着性を高める仕組みが必要になります。こうした施策の一つが，第2章でお話する年功賃金制度であると言えるでしょう。

　ここから明らかな様に，正社員とパートタイマーや派遣労働者では，そもそも会社が期待するものが違います。それは決して差別ではなく，もともと期待している役割が異なり，その役割期待に対して人を雇用することから生じるのです。

　翻って，「仮に正社員とパートタイマー，あるいは有期契約の社員が，ある時点で，まったく同じ仕事をしていても，同じ処遇をする必要があるわけではない。なぜなら，ある一時点で同じ仕事に就いていても，一つの会社の長い職業生涯の中でたまたまその仕事を経験している人と，そこで比較的長くその仕事を担当する人との違いがあると説明できれば，問題は生じない」と言えるかどうか。そこは働き方改革関連法との関連で微妙な所です。

正社員とパートタイマーの人事管理のやり方

Q 正社員の人事管理には幅広いキャリアを作る仕組みがあって，パートタイマーの人事管理にはそのような仕組みがないということでしょうか。

A 人事管理にもいろいろなやり方があります。雇って，払って，期間が来たら辞めていただく，これが古典的なやり方です。これに対して，従業員に付加価値をつける，そしてその従業員が会社に付加価値を還元する，これが正社員の人事管理です。今でも，有期の非正社員に関しては，「古典的なやり方」が一般的です。もちろん，非正社員を戦力化している企業があることも事実ですが。一方，正社員に対しては，雇って，払って，辞めてもらう以上の付加価値をつけるための人事管理を想定しています。そういう意味でも，正社員とその他の人には，会社が期待しているものが異なり，その結果人事管理の中身も違うわけです。

会社が期待する役割によって雇用形態が変わり，それによって人事管理も異なることを読者の皆さんには理解していただきたいと思います。それは差別でなく，会社があらかじめ期待している役割の違いから生じている，企業はそれぞれの役割に対して人を雇用している，最後にこの点を強調したいと思います。

第1時限目

○企業が正社員と非正社員とに期待する役割は，各々何ですか。

○正社員，非正社員との間の処遇格差は，差別的なものですか。あるいは，合理的なものと言えるでしょうか。

○あなたの勤務先やアルバイト先で働いている正社員，契約社員，嘱託，アルバイト，パートタイマー，派遣社員，業務委託スタッフなどの仕事内容を，判断が必要な仕事かどうか，定型的な仕事か非定型的な仕事か，という観点から比べてみましょう。そのうえで，それぞれの雇用形態の仕事内容が違うのはどうしてか議論してみましょう。

「年の功」から「年と功」
──「三種の神器」の今昔物語

なぜ定年まで雇用されるのか？
──長期雇用は従業員の囲い込み

Q 今回は「『年の功』から『年と功』」というテーマですね。前回のお話ともつながりますが，なぜ正社員は長く雇用されることになるのでしょうか。

A 「日本的経営の三種の神器」と昔から言われているものがあります。それは，終身雇用，年功序列・年功賃金，それから企業別労働組合です。

終身雇用について，最初に世間に広めたのはジェームス・アベグレンという経営学者です。彼が日本に昭和30年代の初めに調査に来て，その結果を『日本の経営』（ダイヤモンド社，1958年），原題ではThe Japanese Factory という本にまとめました。占部都美教授が，

この本を翻訳して，そこで使われた終身雇用という言葉が，世の中に広まったわけです。2004年には，山岡洋一氏の新訳が日本経済新聞出版社から刊行されました。

　ただ，これは少し「功名争い」になりますが，アベグレンが明らかにした日本的雇用の実態は，昭和20年代にすでに東京大学社会科学研究所の氏原正治郎教授によって見出されていました。

終身雇用から長期雇用へ

　当時は平均寿命も今より短かったので，定年は55歳が一般的でした。ですので55歳定年で「終身雇用」という言葉を使ってもそれ程実態と乖離してはいなかった。ちなみに，**ライフタイム・コミットメント**という言葉が，終身雇用の原語です。ところが，その後，60歳定年が一般的になり，今は人生80年時代になり，定年後に20年以上の人生があるのです。これを終身雇用と言うのは，いかにも実態に即していない。従って，現在では**長期雇用**という言葉が使われるのが一般的です。

　長期雇用や年功賃金は，毀誉褒貶が激しく，その評価が時代によって大きく振り子のように揺れ動いています。昔は，非常に前近代的なものと考えられていましたが，高度成長期の終わりの1973年にOECDが対日調査を行い，終身雇用や年功賃金，企業別労働組合を調査してから，こうした日本的労使関係が日本経済の良好なパフォーマンスに寄与しているという高い評価がなされました。しかし，1990年代後半バブル経済後の「失われた10年」と言われたころから，また評価が低くなり，この時代背景から**労働市場流動化論**が

登場しました。

　ところが2004年に，東京大学の高橋伸夫教授が『虚妄の成果主義』（日経ＢＰ社）という本を出版された頃から，かつての日本的雇用システムが再評価されるようになりました。このように，雇用システムに対する評価は景気変動に左右されやすく，経済の下降局面では評価が低下するというハッキリした傾向が見られます。

長期雇用の意味

　ご質問の，なぜ従業員を長期にわたって雇うのかということですが，正社員は，非正社員や派遣社員と比べると，定型業務や補助業務ではない判断業務をしているとお話ししました。会社が従業員に付加価値をつける，それによって従業員も会社に何かそれ以上の付加価値をもたらす，こうした人材が会社にとって必要になるわけです。

　オリエンテーションで述べたように，**「雇って」，「払って」，「辞めてもらう」のが人事管理の最も基本的な機能です。しかし，コストを下げることはもちろん重要ですが，現代は機械を人間に置き換えるという時代から，人が付加価値をつける，他の企業に対して優位性をもたらす人材が必要となるのが現代です。**

　しかし，優位性をもった人材がそれ程簡単に市場で手に入るわけではないので，こうした人材は手間暇かけて育てていかないといけない。手間暇をかけて育てた人材は，将来会社に付加価値をもたらしてくれるでしょう。そして，企業としてはお金をかけて育てた人材に会社を辞められては困るので，彼らになるべく長く働いてもら

いたい。それが会社が従業員を長期間雇用する理由です。

「終身雇用」とならないわけ
──どうして定年があるのか？

Q せっかく育てた人材を文字どおりの終身雇用で長く働いてもらうことをしないのはなぜでしょうか。

A 会社には定年制が存在しますから，長期雇用であれ，終身雇用であれ，文字どおり終身雇うわけではありません。「新規学卒者を雇用して定年まで雇用すること」が元々の終身雇用であり，この点は変わりません。それを終身雇用と言うか，長期雇用と言うかは別にして，いずれにしても会社が雇用するのは定年までなのです。定年後も，現在は継続雇用している会社も多いですが，一つの区切りとして定年まで会社は従業員を雇用するのです。

定年制については，それを設けるか否かは企業の任意ですが，設ける場合は高年齢者雇用安定法によって，60歳未満の定年制は無効とされます。また，多くの企業が定年到達者を引き続き65歳まで継続雇用しています。

ここで，長期雇用を経済学的にどのように考えるかについて少しお話しします。企業にとって固有の熟練ということを，経済学では訓練といい，その訓練を**特殊訓練**と**一般訓練**と二つに類型化します。

「一般訓練」というのは，訓練を施された企業を離れても，どこ

の企業でも等しく対応できるような訓練です。こういう訓練は労働者が自分で費用を負担して，その収益は労働者にのみ還元されます。その理由はと言えば，企業が負担して訓練が終わり，その挙句に転職されてしまったら，企業は訓練投資を回収できないからです。

　これに対して，「(企業)特殊訓練」とは，それぞれの企業固有の訓練で，その企業を離れては価値がまったくない，あるいは，他社に転職した場合その「特殊訓練」を施した企業に比べると価値が低下するものを言います。例えば，その企業でしか使わないソフトウェアを使えるようにする訓練が「特殊訓練」と言えるでしょう。「ソフトウェア」を「社内人脈」や「機械」と置き換えても結構です。これで身についた能力は，他の企業では全く役に立たないわけです。そのような訓練を労働者が負担してしまうと，経済学でいう一種の**ホールドアップ**状態（お手上げの状態。いったん投資が行われると相手の交渉力が増して，従わざるを得なくなったり，自分が一方的に損をする状況のこと）になってしまいます。言い換えると，「特殊訓練」で技能を身につけても，解雇や倒産でそれは役に立たなくなるリスクがあるので，労働者は自分で訓練費用を負担したがらない。従って，このような訓練の費用は，企業が負担せざるを得ないのです。

　かつて**ベッカー**というノーベル経済学賞を受賞した経済学者は「特殊訓練仮説」を提唱しました。この仮説によれば，職業生涯の前半においては賃金が生産性より高くなり，職業生涯の後半は生産性の方が賃金より高くなるとされています。しかし生産性のほうが賃金より高いという状態は，会社の立場からみると安く労働力が使えるということですから，永遠にこの状態を続けば会社にとっては

ある意味「理想的」です。そのためには「終身雇用」が一番ということになります。しかし，実際には定年制が存在しており，日本の場合，一般的には60歳で会社は従業員との雇用関係を一旦解消します。それがなぜなのかということは，ベッカーの理論だけでは説明できません。

　この点，**ラジア**という経済学者が，**定年制の経済分析**を提唱しました。ラジアの場合は，職業生涯について生産性は一定である一方，**賃金プロファイル**については企業が右肩上がりに設定すると考えました。

　なぜ賃金を右肩上がりに設定するのかというと，労働者が怠けないようにすることが企業にとって必要だからです。一人ひとりの労働者を毎日毎日，怠けているか怠けていないか監督する，例えば一人の労働者に一人の監督者をつけて監督するというやり方は，それこそ監督する人を雇わないといけないので非常にコストがかかります。企業の合理的行動するという最初に説明したことから考えると，サボることが労働者にとってコストが大きくなるような仕組みをつくれば，頻繁に監視しなくてもおのずとまじめに働くようになるでしょう。まじめに働いていないことが発覚したらその人はクビにすればいい，という仕組みを作るのが合理的なのです。

　では，どの様な仕組みを作るかというと，職業生涯の前半は会社に自分の本来もらう賃金を「貸しつける」，それを後半において「取り戻す」という表現が適切かと思います。労働者は，自分が貸した分を返してもらうには，毎日，一生懸命働かないといけない。クビになったら，企業に貸した分を返してもらえなくなるからです。す

なわち，職業生涯の前半は賃金より生産性のほうが高く，職業生涯の後半は賃金の方が生産性よりも高く設定をすることで，労働者のサボリを回避することができるのです（図１参照）。

図１　定年制における賃金と生産性
（ラジアの理論）

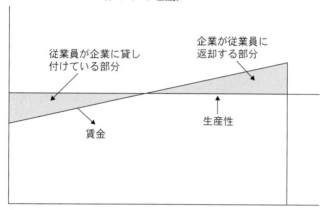

資料出所：エドワード　Ｐ．ラジアー著　樋口美雄・清家篤訳『人事と
　　　　　組織の経済学』日本経済新聞社　1998年ｐ.302の図をもとに
　　　　　筆者作成。

　このようにラジアの理論では，生産性よりも賃金の方が職業生涯の後半では高くなり，ベッカーが提唱した安く労働力を使えるのとは逆の状態になっています。これは，企業にとっては望ましくありません。この問題を解決する為に，定年制というものを導入し，「貸し」と「借り」が等しくなるところで労働者に退職してもらうことが，企業にとって必要になるのです。

　この図から容易に想像できることですが，賃金の傾きが急になる

ほど，定年年齢は早くなります。逆に，賃金プロファイルをなだら
かにすれば，より雇用期間が長くなります。賃金カーブをどこまで
もどこまでもフラットにしていくと，結局賃金と生産性が等しくな
るから，定年制は不要という議論になるわけです。しかし，元々労
働者の怠けを防止するために定年制を導入したのであれば，賃金
カーブを寝かせるのは本末転倒ではないでしょうか。

　この様に，定年制が存在するのは，会社と従業員との長期的な借
りと貸しの関係を清算するためであると言えるでしょう。人的投資
の理論に加えて，労働者の生産性とやる気を長期的に維持していく
ための賃金設定が，定年制を必要としているのです。

なぜ年長者が厚遇されるのか？
──年功制はヒトのマイレージ

Q 年長者が厚遇される理由を理論的に説明していただきましたが，一言で言うとどういうことなのでしょうか。

A 　一言で言うと，**年功制というのはヒトのマイレージ・システムであると考えられます**。ポイントカードは，そのポイントカードを使い続けることが得になる仕組みであり，顧客を囲い込むことを目的にしています。

　こうした観点からすると，年功制は「ヒトのマイレージ」である

と考えられます。長期雇用というものが，会社にとって価値をもたらす人材が長く活躍するために必要だとして，そのためには，従業員が当該企業に勤め続けなければなりません。つまり，企業は辞めないことが合理的だと従業員に認識させる必要がある。このことが，年齢，勤続に従って処遇がなされる年功制の本質に他ならないのです。

年功序列とは

Q 　賃金や昇進に関して「年功序列」ということが言われます。文字通りにとると，若い人は順番を待たないと出世できない，年長者の賃金を追い越すことができないということになりますが。

A 　日本の企業は，**新規学卒採用**が一般的です。新規学卒で採用されると，入社して10年ぐらいは，その人が入った入社年度によって**年次**という一つのくくりの中で管理されるのです。新規学卒者の場合は，個人がどういう持ち味をもっていて，どんな仕事に向いているか，それはなかなかわかりません。最初の10年ぐらいは年次で管理し，それが終わるとAさんBさんというかたちで一人ひとりを個別に管理していきます。このため，最初の10年間ぐらいは，上の年次の人を下の年次の人が追い越さないという**年次管理**が一般的です。

しかし，このことを以って，「日本の社会は序列社会だ」だと決めつけることはできません。追い越されないことが，先輩から後輩への技能伝承を促進するからです。先輩が後輩に簡単に追い越されてしまうような状況だと，上司が部下に，先輩が後輩に仕事を教える**インセンティブ**がなくなります。しかし，仕事の経験のない新規学卒者の場合，これでは仕事を覚えることができません。従って，そうならないためには，新規学卒者の昇進は，入社後一定期間は一律に行われることが必要なのです。もちろん，課長，部長への昇進まで必要かと言えばそうではなくて，キャリアの最初の何年間かでしょう。ある一定以上の年齢になりますと「年次」には関係なく，あるいは，ある程度「年次」をコントロールして，例えば，具体的には最初は年次の何パーセント，その次は年次の何パーセントとして，**逆転**とか**抜擢**が起こります。そうしなければ，本来，昇進すべき実力のある人が昇進できなくなり，結果的に彼らのやる気をそぐことになるからです。

　これは当たり前のことですが，組織というのはピラミッド型が基本なので，同期の人がいつまでも同じペースで昇進することは，管理職ポストを乱発でもしない限り不可能です。要するに，完全な**年功序列**などは存在しないのです。もちろん，上のポストに就いている人が下のポストに就いている人よりも年齢が高いという傾向はあります。しかし，年齢が上がればトコロテン式に偉くなれるという世界では決してありません。

　「年功制」や「年功序列」の定義については，誤解されてるケースが多いようです。年功賃金では，基本給が主に**年齢**によって決定

されますが，そこには当然**人事考課**が介在しています。ですから，同期の中でも，平均的には賃金カーブは右肩上がりだけれども，個別のＡさんと，Ｂさんの上がり方は違うわけです。それをならすとたしかに右肩上がりになりますが，同期の中でも上がり方は人それぞれです。年次管理をやっているときは皆一律ですが，年次管理がなくなると，個人によって上がり方はまちまちです。

　そういう意味では，**日本の「年功賃金」は「年の功」ではなく「年」と「功」で決まります。**「年」というのは年齢，「功」というのは人事考課です。つまり，「年功賃金」には「功」が加味されているのです。年功賃金と**能力主義**というのは同じものか別物なのかという議論が，1960年代に日経連の能力主義管理研究会の時代からなされています。この点については，査定によって賃金が決められていくことを以って，能力主義と考えれば，日本の「年功制」も間違いなく能力主義の一つのタイプでしょう。

　岩田龍子『日本的経営の編成原理』（文眞堂，1977年）においては，日本的経営における競争を「他企業との給料格差よりも企業内の同僚とのわずかな給料格差により敏感に反応する」としています。この事例は，長期雇用における競争が，より多くの従業員のモチベーションをより長い期間にわたって維持することを前提に設計されていることを端的に表していると言えるでしょう。

なぜブルーカラーに査定を行うのか？

Q 　賃金，昇進の差を少しずつつけているというお話でしたが，差をつけるためには人事考課が入ってくると思います。人事考課は，すべての正社員に対して行われているのでしょうか。

A 　日本ではそのとおりです。正社員は，すべて人事考課の対象になります。非正社員の場合には，会社によってケース・バイ・ケースで，査定をしているところもあるかと思います。

　しかし，このことは決して「世界標準」ではありません。ホワイトカラーに査定があり，賃金の上がり方が右肩上がりである，これは世界共通の傾向ですが，ブルーカラーにも査定が行われることは必ずしも世界標準ではありません。

　その理由を説明する一つの仮説は，日本の労働組合が「御用組合」であり，労働組合としての主体性がなく，会社の紐付きであるというものです。

　他方，小池和男教授は，**「ブルーカラーのホワイトカラー化」**という仮説を提唱されています（小池和男『日本の熟練』有斐閣選書，1981年）。要するに，ブルーカラーに査定を行うのは，ブルーカラーの仕事がホワイトカラー化しているからだというのが，教授の所説です。この場合「ホワイトカラー化」とは，ブルーカラーの仕事が

単に体力勝負ではなく，高度な問題解決能力を必要とする「頭」を使うものであることを意味します。

実際に，藤村博之「賃金体系の改訂と労働組合の対応」（橘木俊詔編『査定・昇進・賃金決定』有斐閣，1992年，所収）によれば，1度査定をやめた会社が，ブルーカラーの社員からやはり査定を復活してほしいと言われて査定を復活したというケースがありました。労働組合も従業員の処遇にきちんとめりはりをつけてほしいという，労働者の意向を尊重した結果です。このことは，処遇のめりはりは査定を通じてつけるということで，ブルーカラーのホワイトカラー化を示唆しているのです。

日本の労働組合は「御用組合」か？
──企業「別」組合と企業「内」組合

Q 先程「御用組合」という言葉が出てきましたが，これはどういう意味なのでしょうか。

A 20世紀の前半に，アメリカで労働組合運動が高揚したときに，会社側としては労働組合は正直厄介な存在でした。そこで，労働組合の力をそぐために，**カンパニー・ユニオン**（日本語では「企業内組合」）を作りました。これは，会社の「紐付き」の労働組合で，組合としての主体性をもたないものでした。

日本で主流の**企業別労働組合**というのは，個別企業ごとに組合が

存在するので，カンパニー・ユニオンと同様に，組合としての主体性を有していないと言われた時代が長らく続いていました。実際に日本の労働組合に批判的な人は，「企業別労働組合」という言葉を使わずに，「企業内組合」と言っています。かつて，「日本は『企業内組合』だよ。日本の労務管理は『抱かせ』，『寝かせ』，『握らせ』だよ」とおっしゃる先生もおられました。

　しかし，実際にはこの考え方は誤りであり，日本の労働組合は財政的に完全に独立しています。会社側から財政的補助があると，これは経営者の労働組合への不当介入に当たり，労働組合法でいう**不当労働行為**になります。もちろん，会社の敷地内に組合の事務所がありますが，今の労働組合法では不当労働行為にはあたりません。

　それからもう一つ，**チェックオフ**という，給料から組合費を天引きする制度がありますが，これも問題ありません。もっとも「企業内組合」だという考えの人からみれば，それ自体が間違いだということかもしれませんが。

　このように，日本の企業別労働組合は確かに「御用組合」ではないのですが，個別の企業の存続に対して非常に強い利害関係があることは間違いありません。つまり，個別企業が存続しなければ，その会社との雇用関係がなくなってしまいます。つまり，労働者は企業に対して債権を持っているのです。この債権を持っている労働者の代表である労働組合は，当然会社の存続に対して強い利害関係を有するのです。

　この企業別組合というのは，日本固有のものなのかというと，アメリカの**ローカル・ユニオン**が，日本の企業別労働組合と役割が似

ているという意見もありますが，実のところ，両者は別物です。日本では，労働組合が基本的なユニットで，ここで組合費を集めて，それが**産業別労働組合**に上納されるという流れです。これに対してアメリカでは，まず，例えばＵＡＷ（**全米自動車労組**）といった産業別労働組合が組合費を集めて，それをローカル・ユニオンに配分していくというかたちをとります。組合費の資金の流れという意味では，日本の組合とは逆さまです。最初にお金を受け取るところが一番力を持つというのは世の常なので，企業別労働組合と，産業別労働組合体制におけるローカル・ユニオンは日々の行動，活動などは似ているところもあるかもしれませんが，その実態は大きく違うのです。

　基本的に労働組合とは，組合員という「顧客」が主役で，お客さんがいるから組合費を集めることが可能であり，これをサービスという形で顧客である組合員に還元する仕組みになっています。では，企業別労働組合でそれを還元する対象は誰かというと，第一義的には正社員です。正社員の雇用・賃金を守ることが，企業別労働組合の大きな役割でした。

　しかし，賃金に関しては現在の経済情勢では，今後大幅な賃上げの余地は乏しいですし，賃金だけで労働者の求心力を高めることは難しくなっています。経営側も1回賃金が上がると，それが最終的には賞与や退職金などにも反映されるので，なかなか賃金を気前よく上げることはできません。このような背景から，人事制度の改訂等，組合が経営者に要求する対象も変化しています。

　最近では，非正社員が増えており，企業別労働組合も正社員だけ

をお客さんにしていると，会社内の組合員の比率がどんどん低下してしまいます。これでは会社内で交渉力を保つことができなくなるので，正社員を前提にしていた企業別労働組合も正社員だけではなく，非正社員も対象にするという動きが出ています。具体的には，非正社員を直接組合員にしていくという事例も見られます。他には，非正社員を正社員に登用することを会社に要求し，登用された人を組合員にしていく方法もあります。

　日本の企業別労働組合は，組織率が趨勢的に低下し，今は20％を下回るまでになっています。先程もお話ししましたが，従来の企業別労働組合が正社員を主なお客さんにすることを前提としているため，雇用形態が多様化した結果，その前提になじまない人が増大したからです。それからもう一つは，労働者の高齢化が進み，管理職層に昇格して労働組合を「卒業」する人が増えていることも理由の一つです。

日本は辞めさせやすい社会か，辞めさせにくい社会か？
──雇用制度と判例法理

Q 日本では「長期雇用」を前提としていると言われますが，実際には賃金の高くなった年配の人たちをリストラする事例もよく聞きます。最近の日本では，給料の高い人を辞めさせることは広く行われているのですか。

A 給料が高い割に働きの芳しくない人に，本音として辞めてもらいたいと会社が考えるのはいたしかたないとして，実際には，賃金の高い金融機関などでは，実質50歳定年にして，そこから先は融資先や関連業界へ出向・転籍するのが一般的です。確かに給料が高い人に会社から退いてほしいという考えは，企業の本音としてはありますが，実際に辞めさせているかどうかは，また別の問題です。解雇のしやすさという観点からみると，日本は現実問題として解雇しにくい社会です。

まず，解雇に関する法律の枠組みですが，**労働基準法**という法律があり，**30日以上前に予告をすれば従業員を解雇することができる**とされています。しかし**整理解雇**（雇用調整の手段としての解雇）は，事実上封印されているのが現実です。

その理由は，**解雇権の濫用に関する判例法理**（法律で決まっているわけではないが，裁判結果の積み重ねによって，事実上法的な効力があるとされている基準のこと）によって解雇が厳しく規制されているからで

す。もちろん判例法理は実際の法律とは異なり，効力が生じるのは裁判に訴えられた場合です。被解雇者で解雇権濫用法理にかなわないかたちで解雇された人がいたとしても，その人たちが実際に訴訟をおこすかどうかは，別の問題です。そもそも，事業主も雇われていた人たちも「解雇権濫用法理」を充分認識していないかもしれません。このように，解雇された人が裁判所に訴えようとしても，いろいろ助言をしてくれる人が周りにいなければ実際には難しいでしょう。そのように考えれば，企業側のリスクは非常に小さいと考えることもできるのです。この非常に小さいリスクを考えれば，「日本ほど解雇しやすい社会はない。だから解雇制限法を作らないといけない」と考える労働法学者がいることも事実です。

　この問題は，日本企業だけでなく，外資系企業でも同じです。外資系企業でも日本の現地法人というかたちがとられていれば，日本の労働法制が適用されます。実際に，外資系企業でも，雇用調整などには非常に気をつかいます。外資系企業の場合，本国では成果主義のようなやり方をしており，人を自由に解雇できるのです。日本でビジネスをしている現地法人にもこうしたマネジメントを当てはめようとする訳ですが，しかし最後の退職管理のところだけは違うわけです。おそらく，外資系の企業では，この問題は大変だと思います。

　例えばリストラする際には，「あなたはあしたから来なくて結構です」というような言い方をするらしいのですが，問題は，これが先程の判例法理に違反する解雇に相当するかどうかです。「あなたは来なくて結構です」と告げられても，「では，それは解雇なんです

か」と問い返されたら会社は「イエス」と答えるわけにはいかない。会社は，「来なくて結構です」と言われたら，「わかりました」と本人が退職することを期待しているからです。しかし，「あなたは私を必要としないけれども，私はこの会社に雇われなければ家族を支えられないから，明日からどんなに会社に妨害されても会社に来ますよ」と言われたら会社は解雇できるでしょうか。この場合，おそらくありとあらゆる手段を使って会社は辞めさせようとするでしょう。いずれにせよ，「あなたは来なくて結構です」というのは，判例法理に違反しないかたちで，会社が本人に退職して欲しいという意思を伝えられるぎりぎりのメッセージなのです。

　ということで，日本企業の場合，雇用調整は整理解雇ではなく，出向・転籍であったり早期退職優遇制度などで対応をしているのが現実です。

第2時限目

○長期雇用や年功賃金は，オリエンテーションで述べた，従業員の合理的活用や彼らのやる気を高めることという観点から，どのように説明できるでしょうか。

○長期雇用や年功制に賛成する人，批判する人はともに多いですが，あなたの考え方はどちらに近いでしょうか。そして，なぜそのように思いますか。

慶應義塾大学
商学部教授
八代 充史

働き方改革が始まって以来、日本的雇用制度の旗色が悪い。元々非正規雇用が拡大したのは長期雇用が理由であるといわれていたのが、同一労働同一賃金や女性の活用推進が進まないのも、すべて日本的雇用制度のせいであるといわんばかり、正に四面楚歌とはこのことであろう。

しかし日本的雇用制度の批判者は「批判のための批判」に堕しており、その先

の展望を示していない。まるで無期雇用の拡大をめざしている。これは「アンチ日本的雇用制度」とは対極の方向である。しかも企業は、

そもそも、60歳定年到達後の雇用延長や派遣の直接雇用、有期雇用5年以上の無期雇用へ
の転換など現在の行政

日本的雇用はダメなのか?

の施策は正社員、直接雇用、新規学卒採用に労力を依存する企業は、彼らを企業内で育成しなければならない。

加えて社会規範も解雇には厳しい。判例法理が「整理解雇の四要件」から「四要素」に変わりつつあるともいわれるが、メディアでも解雇を礼

ば、新規学卒採用に労力た非正規雇用の拡大や同一労働同一賃金は正社員への登用で、長時間残業は不要な会議の廃止など労働生産性の向上で、女性の登用は人事部と現場の二人三脚で進めていけば、日本的雇用制度との矛盾も生じないだろう。

それにしても、日本的雇用制度はしぶとい。私が研究の世界に身を置くこの35年間、「終身雇用は崩壊する」という新聞の見出しを幾度目にしたことか。「07は二度死ぬが、終身雇用は不死身である」といっ

毎年大量の新規学卒者を採用している。新卒を採用するか、中途を採るかは完璧

賛する報道は皆無であり、従業員と企業との関係は長期的なものにならざるを得ない。

従って、雇用制度は、「新規学卒採用」と「長期雇用」を雇用して回転させていく「ブラック企業」でなければ

に企業の裁量にもかかわらず、である。

安価な労働力を雇用して回転させていくという2つの点と矛盾を来さないようにすることがまたら、怒られるだろうか。

(資料出所:「労働新聞」第3112号 平成29年5月15日)

位 と ポ ス ト
——人事制度の作り方

人事制度とは

> **Q** 今回お話しいただける，人事制度とは，どのよう
> なものですか。

A 　人事制度は，会社の中で従業員の評価や，処遇，役割
などを決定するための仕組みです。人事制度は，必ずし
もすべての企業で同じように整備されているわけではありません。
例えば，非常に小規模の企業，従業員10人とか30人程度の企業であ
れば，人事制度を介するよりは，社長がすべての従業員の人となり
を把握し，それに基づいて給料や役割を決めるほうが，かえって合
理的であると言えるでしょう。

　ただ，経験則では，従業員が50人，60人を超えると，社長がすべ
ての従業員の人となりを把握することは，不可能に近いです。これ

を無理に社長一人で判断しようとすると，社長の独断とか独裁ということになりかねません。このような恣意性から脱却するためには，制度を介して管理を行うのが一番です。このことが，従業員に対して公平性を担保するために必要不可欠になるのです。

　会社の中には，様々な人事制度があります。例えば，従業員の仕事ぶり，能力を把握する評価制度，これは学校でいうと通信簿です。それから会社の中で，賃金の総額を個人に配分する制度です。個人が具体的に会社から給与明細に表示されている金額の賃金を受け取るためには，会社の従業員に支払う賃金の総額をＡさん，Ｂさんという個人に配分する仕組みが必要です。これを賃金制度と言います。それから，教育訓練，採用など，いろいろな人事制度があります。ここではこうした人事制度全体に関わるものとして，特に**等級制度**についてお話ししたいと思います。

　等級には，二つあり，一つはヨコの等級で，従業員の役割や賃金に代表される従業員の処遇を決定するものです。それから，もう一つはタテの等級で，**コース**と呼べると思いますが，これは従業員の企業の中でのキャリア，昇進可能性，これらを決定するために存在しています。

教授の上は大教授？

Q　等級というお話が出ましたが，どうして等級というものが必要なのですか。

A　等級とは，歴史上の言葉になるかもしれませんが，「位」とも言えると思います。**組織の中での相対的な位置関係，昔で言えば「偉さ」といいましょうか，そういうものを示すための指標が等級です。**

　もう一つ，**組織の中にはより具体的な役割があり，ある一定のレベル以上の役割のことを役職と言います。**企業であれば課長とか，次長とか部長とかです。それとは別に，先程お話した等級があります。例えば，軍隊では大佐とか中佐という**階級**があり，それとは別に，連隊長とか中隊長といった役職がありました。こういう二つの階級と役職が組織の中に存在しているのです。

　役職の数は限られているので，その役職に昇進できる候補者がたくさんいるからといって，それに合わせて無原則に役職ポストの数を増やすと**ポストの乱発**につながります。

　しかし，役職者の数が増やせないとすれば，役職に就ける人はおのずと限られます。そうなると，その他の人たちを含めた従業員全体の勤労インセンティブをどのように確保するのかが問題になります。やはり人間は，担当者のAさんBさんということだけではなくて，その人が所属している組織や，名刺の呼称であるとか，そうい

うものを見て，自分と相手との相対的な位置関係を確認するものなのです。

よく言われるのは，奥さんたちが「隣の御主人，課長になったそうよ」といった世間の人付き合いです。こうした話は決して日本だけではなく，海外でもお茶飲み話しの格好のネタになるようです。余談ですが，日本人は肩書きとか世間体をよく気にしますので，日本は資本主義でも社会主義でもなく，**「世間主義」**ではないかと思うことがあります。

ということで，組織の中で，役職とは別に従業員を切り分けるものがあるほうが，従業員も仕事に励み，勤労インセンティブが高まるのは明らかです。例えば，階層が二つしかなければ，1回しか上の階層に上がるチャンスがないのです。他方，それが五つあったら，チャンスは4回あるわけです。

日本の多くの企業は，こうした階層（これを等級と言います）が10ぐらいあるでしょう。それぞれの会社の経験則として，従業員の勤労インセンティブを最大にするような数だけ階層が存在するのだと思います。**従って等級の設定は，従業員が上の階層を目指し，仕事に対する取り組みを高めるモチベーションの源泉になります。**これは冗談ですが，よく，教授になると大学の先生が勉強しなくなるのは教授より上の位がないからで，教授の上に「大教授」，「特大教授」を作れば，教授は大教授を目指そう，大教授は特大教授を目指そうと勉強に励むようになるというのです。これが等級をつくる一つ目の理由です。

もう一つの理由は，役割を配分するうえで，こうした等級の存在

には**合理性があること**です。例えば，部長のポストに空席ができたら誰を起用するのか。もちろん，社外から採用するという選択肢もありますが，社内で充当するとして，組織の構成員全員が対象になるとしたら非常に大変です。確かに若い人を抜擢できるかもしれないし，うまくすれば適材適所を図れるかもしれません。しかし，「抜擢」と言うとかっこいいですが，一つ間違えば**「お友達人事」**になるかもしれないし，適材適所と言いながら実はサイコロの目で決めるのと大して変わらなくなるかもしれません。そのようなことを避けて，一定の基準に従って合理的な配置を行う上で，資格，等級は大変重要な役割を果たしているのです。

　なぜかというと，日本の組織を念頭におくと，**役職**と**資格**という二つのヒエラルキーがあります。従業員は，まず自分が在籍している資格から上位の資格に昇格して，次にその上位の資格に対応している役職に任用されます。ですから，昇進は，上位資格への昇格と，昇格した資格に対応する役職への任用という2段階で行われているのです。まず1回昇格して，上位の役職に対応する候補者のプール入り，そのプールの中から，さらにふさわしい人が役職に任用されることになります。それぞれの資格が，役職に対する人材の「ストック」であるとすれば，2段階で選抜が行われることで，より適材適所が図られると言えるでしょう。このような適材適所を図るという面でも，等級制度は重要な役割を果たしていると考えられます。

「属人」と「役割」
──等級制度の歴史

Q そうすると，従業員は資格が上がって課長になれるかもしれないし，課長にはなれないけれども資格が上がる場合もあるわけですね。ところで，「等級」や「資格」への格付けは，どういう基準で決まっているのでしょうか。

A 等級は，属人的な要素によって作られているものと，組織の中の役割，具体的には職務ですが，職務をベースにして作られているものの，大きく二つに分かれると思います。日本の企業で発達してきたのは，属人的な要素によって作られている資格制度です。

　では，その属人的な要素にはどのようなものがあるのでしょう。まず，明治期から第二次大戦前までの主流だった「資格」は，身分的な資格制度です。この身分的な資格制度は，一言で言うと，工員いわゆるブルーカラー，職員いわゆるホワイトカラーを身分として，はっきり差別していた制度です。第二次大戦後になると，いわゆる職工身分差撤廃が行われ，職員と工員が会社の中で同じ資格制度の中に位置づけられることが人事管理として必要になりました。身分的な資格制度は1950年代ぐらいまでの間に，おおむね**職工身分差撤廃**が進み，職員と工員の身分差は同じ企業の中の資格制度に統合されていったと言われています。その後は，身分差はなくなりました

が，「年功」，第2時限目で言うところの「年の功」をベースにした資格制度は強固に残っていました。

　その後，**管理職のポスト不足**が顕在化しました。これは，ポストの数に比べてポスト有資格者が増大して，ポストが足りなくなることを意味します。一部の企業では，ポストを乱発して，この問題を解決しようとしました。しかし，これでは根本的な解決にはなりませんでした。

　そこで多くの企業は，役職と資格を切り離し，資格の「昇格」と役職の「昇進」を制度上別のことにしました。これを「役職と資格の分離」と言います。それによって今度は，昇格すると賃金が上がる，すなわち，役職と資格を分離した代わりに，資格と賃金の結びつきが強化されたのです（詳細は，第6時限目の図3を参照）。

　しかし，その結果今度は人件費のコストの増大という問題が起こりました。従って企業は，「年功」ベースだった資格制度の運用を変えることによって人件費の抑制を図ることを余儀なくされました。この制度が，資格の能力主義的な運用，いわゆる**職能資格制度**と言われているものです。「職能資格制度」は，**日経連の能力主義管理研究会**で1960年代から議論されていましたが（日経連能力主義管理研究会編『**能力主義管理**』日経連弘報部，1969年），それが実際に企業へ入ってくるのはオイルショック以降，1970年代の後半にいわゆるポスト不足の問題が顕在化してからです。

ポストが偉いのか，ヒトが偉いのか？

——日本型等級と欧米型等級

> **Q** 日本の等級制度のお話をしていただきましたが，欧米の等級制度も同じなのでしょうか。

A 欧米型の等級制度は，基本的に仕事をベースにした**職務等級**です。その仕事の価値によって等級を作ります。仕事の価値の測り方はいろいろありますが，それが**職務分析**とか**職務評価**と言われています。仕事の価値を測って同じような価値をもつ仕事をまとめたものを「等級」と言い，各々の等級に対して賃金が対応しています（図2参照）。

例えば外資系のコンサルティング会社である**ヘイコンサルティング**のヘイ・システムと呼ばれる仕組みでは，**仕事の価値を点数で示します**。その点数のつけ方は，**プロブレムソルビング**とか，**ノウハウ**とか，**アカウンタビリティ**とか，そういう基準に対して点数をつけ，その点数で同じような価値を持つと認定された仕事は同じ等級で括られます。賃金のところでもお話ししますけれども，その等級に対して賃金を決めますが，同じ等級の人はみな同じ賃金かというと必ずしもそうではありません。やはり能力の高い人もいるし，もうちょっと頑張りましょうという人もいるので，その人たちの賃金を一律にすることは，能力の高い人のやる気をそぎ，能力の低い人の依存心を高めることになります。そこで，同じ等級でも賃金の額

図2　職務等級

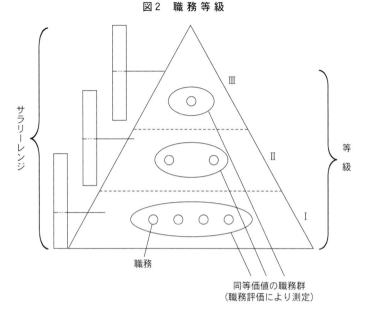

資料出所：八代（2019），p.73.

には幅があります。これが**レンジレート**です。

　日本の**職能資格制度**の場合，**職務遂行能力**をベースにして，その能力が向上したと認定されれば，上位の資格に昇格します。これに対して，仕事の等級は基本的に仕事の価値で作られているので，仕事の価値が上がらないと上位の資格に昇格できません。

　日本の企業では「役職」という仕事のヒエラルキーとは別に，「資格」という属人的な要因に基づくヒエラルキーがあります。このように，二つのヒエラルキーを有することによって，企業は昇進管理の裁量性を高めることができます。他方，欧米の等級制度は仕事の

価値そのものが等級化されているので，仕事が変わらない限り等級も上がることはありません。

　日本の企業では従業員の定着が進んでいるために，管理職ポスト不足が起こり，ポストに対する有資格者がひしめいている，その人たちをどう処遇するかが常に大きな問題です。欧米の企業でも，多国籍企業の石油化学会社などは，企業内労働市場化が進み，従業員が定着しているので，日本企業と同様にポスト不足の問題が発生しています。この点は，洋の東西を問わないと言えるでしょう。

　しかし，職務等級の場合は，仕事の裏付けなしに等級を上げることはできません。その場合は，等級すなわち仕事の価値を，その人の仕事ごと「引っ張り上げる」のです。つまり，仕事の価値が今まで5等級の仕事だったのが，価値が上がり6等級の仕事になりました，だから5等級の仕事をしていた人も6等級に異動します，といった感じです。

　一方，**職能資格**の場合，仕事の等級と作り方の過程で共通する部分があります（「職能資格」の「職能」は，「職務遂行能力」という言葉を縮めたもので，もとにあるのは仕事です）。職能資格制度でも，本来の理論的な制度の作り方に従えば，仕事の分析をして，その仕事の要件を満たす能力を抽出し，それに基づいて**職能資格等級**を作ることになる，これがセオリーです。

　ただ，実際の職能資格制度は，必ずしもそのように設計されているとは限りません。能力は往々にして後づけの理屈であり，従業員が実際には年齢や勤続に従って昇格するとしても，また従業員の能力がどれほど向上したかがはっきりしなくても，「従業員の能力が向

上したから昇格した」というかたちをとるのです。そして，従業員はただ会社にいてトコロテン式に給料が上がるのではなく，「自分は能力が向上したから給料が上がった」と納得してハッピーになる。また，会社も従業員に納得してもらえるように，働きかけるのです。

　企業の側としては，能力がどれぐらい向上したかはさておき，従業員を階層化する。それによって勤労インセンティブを高める。それから，切り分けられた資格と役職との間に一定の対応関係を残すことによって，役職によりふさわしい人を登用できる。同時に，「自分たちの能力が向上した」というストーリーを従業員の中に広げていく。そのことは，会社にもメリットがあると言えるでしょう。

　能力を高めるために職能資格制度が導入されたのか，それとも従業員を階層化するため，あるいは役職との対応関係によって，より的確な選抜が行われるために等級制度が存在し，事後的に能力が向上するという理屈づけをしたのか。これについては，後者の場合も少なからずあるのではないでしょうか。

　実際，それぞれの資格は，大学のカリキュラムのような要件があり，その要件を満たすことが上位資格に昇格するための条件とされています。これを「卒業方式」と言います。他方，高校を卒業しても，さらに大学に入学する試験にも受からないと，大学生になれないのと同じように，会社でも，その資格要件，すなわち卒業要件だけではなく，上位の資格の入学要件が必要な場合もあります。これが「入学方式」と呼ばれるものです。

　このように職能資格制度では，制度上は職能要件を基準として職能資格等級が上がります。毎年の人事考課の結果によって給料が上

がるのに加えて，昇格すれば昇格昇給があるわけです。そういう意味では，人事管理の中心は職能資格制度であると言えるでしょう。

「なんちゃって総合職」？
——コース別雇用制度の光と影

Q ここまでは横の処遇の等級のお話をうかがいましたが，今度は縦軸のコースやキャリアについて教えていただけますか。

A 今お話したのは，社内で従業員の処遇とか役割が決定される際に重要であるヨコの等級制度でしたが，次はタテの等級制度についてお話をしたいと思います。

これは，会社の中ではコースと言われているものです。ホワイトカラーを念頭におくと，**総合職**と**一般職**と言われるような名称が最も一般的です。会社としては，従業員が例えば，上位の資格に昇格したいとか，上位の役職に昇進したいという気持ちがあり，これを目指して競争することが，従業員からより多くの労働貢献を引き出すうえで重要です。ただ，あまりにも競争がヒートアップしてしまうのは問題で，やはり適正な競争が行われるためには，あらかじめ昇進の対象になる人を，明示的であれ，暗黙であれ，切り分けたいというニーズがあると思います。そういう意味で，コース別管理は会社のニーズに即しているわけです。

　こういうコースが出てきた背景には，1986年に施行された**男女雇用機会均等法**の影響が大きいと思います。男女雇用機会均等法以前は，男性と女性で賃金に関する差別がありました。ただし，直接，男性と女性で賃金差別を行っていたわけではなく，例えば，会社の中で「一般職」と「事務職」というコースがあって，「一般職」は男性しか受けられない，「事務職」は女性しか受けられませんでした。そして，「一般職」と「事務職」のコースで賃金が大きく異なり，女性は「事務職」に就くことを余儀なくされていました。しかし，結果的に賃金格差があっても，それは男女差別ではなくて，コースの差から生じるものだから，男性と女性の差は賃金差別とは見なされなかったのです。

　しかし男女雇用機会均等法が制定された結果，採用とか配置とか昇進という雇用管理の全域が均等法の対象になったので，企業はこうしたかたちの女性差別はできなくなりました。その結果，雇用機会均等法に言う「総合職」（かつての一般職）には，男性にも女性にも等しく門戸が開かれています。ただし，あくまでも機会の均等であって，結果の平等ではないので，「総合職」の何割は女性にしなければいけないというものではありませんが，女性も「総合職」に手を挙げられるようになったのです。

　今は，「総合職」，「一般職」（かつての事務職）というコースとは別に，その中間として，一般的には**「地域限定総合職」**という名称で呼ばれるものもあります。都市銀行とか証券会社，損害保険会社などで最近導入が進んでいます。かつては，このようなコースは，「総合職」が大変なので，「総合職」から「地域限定職」に変わりたい

という人のためのバッファーでした。だから，はじめから「地域限定職」の直接採用とはあまりなかったのですが，近年金融機関を中心に「地域限定総合職」でかなりの人数を（大多数が女性だと思いますが）採用しています。

　もちろん，あまりたくさんコースをつくると煩雑なので，それ程コースの数が増えることはないと思います。また現在では，逆にコース別雇用制度を廃止する企業も出てきました。その昔，「総合職」と「一般職」の切り分けは，「総合職」は全国転勤だが昇進の機会があるのに対して，「一般職」は比較的定型の仕事で，その代わり転勤がないというものでした。このようなくくりで，仕事の性格は比較的はっきりしていました。

　ところが，企業の中でしだいに，「総合職」と「一般職」の仕事のくくりが曖昧になっています。「一般職」でも長く勤めていると非常に判断を要する，ある意味で「総合職」に近い仕事をやる場合もあるし，「一般職」から「総合職」に転換した人が，いつまでたっても「一般職」の仕事しかしないで，給料だけ「総合職」の仕事分もらうという（**「なんちゃって総合職」**と言うらしいですが）事例も見られます。従って，「総合職」と「一般職」というくくりが果たして必要かという問題も出てきたわけです。

　前の章でお話しした同一労働・同一賃金の原則からいうと，「事務職」が「総合職」的な仕事をしているのに，処遇は一般職のままとか，総合職の給料をもらっているのに，仕事は一般職のままというとか，企業内労働市場の中に「グレーゾーン」が存在していることが窺われます。「一般職」の採用をやめて，「一般職」の部分を派

遣に置き換える企業も出てきています。

　逆に，1回「一般職」の採用をやめた企業がその採用を復活する事例もあり，実際にはなかなかベクトルは同じ方向を向いているとは言えません。「一般職」の仕事であってもそこには企業特殊性があるので，派遣社員では対応できない部分があるのでしょう。

　そうかと思うと，一般職の女性をある日突然派遣社員にしてしまうという事件もありました。本人にいっぺんの承諾もなく，派遣会社に転籍したことにして，仕事は変わらないのに，身分を正社員から派遣社員にしてしまったのです。仕事は変わらないのに，正社員の給料から派遣社員の給料になってしまいました。こういうことはあまりにも理不尽なので，絶対にしてはいけないと思います。この背後には，コストを削減したいという企業の論理があることは明らかですが，コスト削減は一定の手順を踏んで行わないといけない，何をやってもいいということではないのです。

　そもそも論ですが，総合職と一般職の処遇の格差は仕事の違いによるものなのか，或いは転勤の有無によるものなのでしょうか。私のゼミの学生が卒業論文で，コース別雇用制度の処遇格差に対する納得性は，「仕事＋転勤の有無」の方が転勤のみの場合よりも高いことを明らかにしました。転勤の有無のみを拠り所にしたコース別雇用制度は曲り角に来ていると言えるでしょう。実際コース別雇用制度を廃止して，転勤手当を外出しすることを検討している企業もある様です。

　長期的には，転勤の必要性を含めて，こうしたコース別雇用制度を再検討する必要があるでしょう。

自己選択か人事マーケティングか？
——職種別採用の虚と実

Q 総合職・一般職といったコース別人事以外に，例えば，営業職募集や，人事・総務での募集などのように，新卒の採用時点で職種が決まっている場合があります。これは，今のコースのお話と関係があるのでしょうか。

A 「総合職」の部分をもう少し細分化して募集・採用するという**職種別採用**も，近年導入する企業が増えています。営業とかシステムエンジニアとか，経営企画とか，人事とか，このように職種をかなり細かく切ったものまでさまざまです。

ただし，新規学卒者に個人が選択できるような制度を導入することが，どれぐらい意味のあることかは少なからず疑問があります。「個人に選択させる」と言うとかっこいいですが，それは単に個人にリスクを転嫁していることに過ぎないのではないか，個人の側でも，仕事の経験がないのに，自分は営業向きなのか経理向きなのか，なかなかわかりません。そうなると，営業が嫌だから経理にしようとか，かっこよさそうだから企画にしようという安易な理由で仕事を選択することになりかねないのです。

それよりはむしろ，プロの人事担当者が，個人の適性を見て配属するほうがよいと思います。もし，極めて高い専門性，例えば日商の簿記1級を持っている人を採用した場合には，営業より経理を担

当させたほうがいい。そういうことは従来もあったでしょうから，あえて職種別で採用を行う必要性がどこまであるのかは甚だ疑問です。

　もっとも，疑問は疑問として，企業がこのような制度を導入する理由は，一種の**人事マーケティング**にあるのではないかと思います。つまり，個人が選択できますよ，「あなたのキャリアはあなたがつかむのです！」といったフレーズを若者に投げかけることによって，いい人を採用したいという欲求がある。ある企業がそうすれば当然，他社も倣って，そういう制度を導入するのが一種のトレンドになる。社会学者に言わせると**人事は流行である**ということになりますが，そういう流行が現れているのではないかと思います。さらに最近では，「配属ガチャ」（新入社員が自分の仕事を選べないこと）対策として職種別採用を導入する企業も見られます。

　もちろん，いい人を採りたいという企業の欲求はわからないではありませんが，あまり新卒社員が会社に期待する水準を高めすぎて，入社後の現実との落差が大きすぎると，今度は若者の早期離職という問題を招くことになるので，そこは慎重にしなければいけません。

　ところで，これまで述べた「職種別採用」や「コース別採用」は，職種やコースが限定されていても，雇用保障は必ずしもそれらの存在を前提にしてはいません。つまり，どちらも正社員が対象で，長期雇用だったわけです。しかし，従業員が雇われた事業所に雇用を限定し，事業所の閉鎖を似って，雇用を終了するという契約を結ぼうとする企業も存在しました。これが**「限定正社員」**と言われるものでしたが，判例法理の観点からは多分に問題があったようです。

○企業に等級があるのは，そもそもなぜだと思いますか。日本
　企業の等級と欧米企業の等級の違いは，どこにありますか。
○コース別管理や地域限定社員，在宅勤務制度などを導入する
　ことで転勤をしない正社員を増やすことは可能ですが，これ
　らの制度はどんな条件のもとで有効だと思いますか。

参謀本部かサービス部門か
——人事部門の組織と機能

人事部人事 vs. ライン人事？
——なぜ人事部が存在するのか

Q 今回は人事部門の組織と機能についてですが，序章で人事機能の分業のお話がありました。トップ・マネジメント，人事部門，職場の管理職の分業があるということでしたが，そもそもなぜ人事部門が存在するのかについて詳しく教えてください。

A 序章でもお話したように，人事管理はトップ・マネジメントと人事部門，それから管理職の分業によって行われています。トップ・マネジメントは人事管理の基本方針の決定を行い，実際に人事管理，例えば評価とか，採用とかを実行するのは管理職です。人事部門はその間に立って，人事に関する制度の企画・

立案，交渉，調整などを行い，また中長期的な人事計画を作成するなどの仕事をしています。

　ご質問があった，なぜ人事部門が必要なのかについては，経済学にある**規模の経済性**という概念によって説明が可能です。どういうことかと言うと，人事管理を実際に行うのは，職場の管理職です。例えば，部下の管理，育成とか評価，場合によっては採用，そういう仕事を行うのは職場の管理職です。しかし，職場の管理職は人事管理を行うことだけが仕事ではなくて，営業だったらものを売る，技術屋さんだったら売れる製品を開発する，そちらが本業で，人事管理に必要以上に煩わされると，本業に専念できません。

　それから，人事の仕事の中には職場をまたいで全社的に共通するものも多くあります。そうした仕事を現場の管理職が行うのは無駄であり，それらを束ねて一つの組織を作るのが合理的でしょう。

　ですから，人事制度の設計であるとか人事計画，それから会社全体の労働組合，いわゆる企業別労働組合と交渉するとか，会社全体の賃金計画を作るとか，会社全体で従業員の評価と調整を行うといった，会社全体にまたがる仕事は人事部門が担当しています。

　人事部門は，企業の人事管理を象徴していると思います。人事管理の変化は，人事部を中心とする人事部門に反映されます。また，日本企業の人事部門を日本にある外資系企業の人事部門と比べると，そのありようは異なると言えるでしょう。

　例えば，日本の企業は，長期雇用，年功賃金の体制がまだ続いており，人事部門が人事管理に強く関与しています。長期雇用，年功賃金，それから企業別労働組合が確立している組織ほど人事に関す

るさまざまな調整は人事部門の担当となります。

　逆に，職場の管理職が自らの裁量で退職を求めることができて，その代わりに人を自由に採用できる状況では，人事部門は現場の管理職をサポートするのが重要な仕事になります。やはり人事部門の役割は，それぞれの組織の雇用環境や人事管理の状況によって規定されるところが大きいのです。

本社人事と事業所人事

Q 人事部門の役割で，制度の企画・立案というものがありましたが，具体的にどういう内容ですか。

A 　まず，本社人事部と支店や事業所の人事部門の役割分担には，いくつかのパターンがあります（表2参照）。

　一番目のパターンは，金融機関のように，本社人事部が唯一の人事担当組織であり，支店とか事業所に人事部は存在しないというもので，本社人事部が全従業員の人事を担当しています。この場合，本社人事部における業務の集権性は非常に高くなります。

　二番目は製造業のように，本社人事部のほかに事業所や事業部の人事課，工場とか事業部の勤労課，工場の事業部の人事課など，現場の人事担当組織が存在するパターンです。ここで事業部や事業所の人事課，勤労課などは，組織上ではマトリックス組織になっており，主にお仕えするのは事業部長や工場長です。ただ，この人たち

表2　本社人事と事業所人事の関係

	特　　徴	本社人事部の業務の集権性	代表的産業
パターン1	本社人事部が唯一の人事担当組織	高い	金融機関
パターン2	本社人事部以外に現場の人事担当組織あり（本社人事部に現場人事担当組織の指揮命令権あり）	中程度	製造業
パターン3	本社人事部以外に現場の人事担当組織あり（本社人事部に現場人事担当組織の指揮命令権なし）	低い（分権的）	総合商社

は，もともとの職能，仕事の系列は人事部門に属していて，事実上の指揮命令権は本社人事部にあります。しかも多くの場合，工場の勤労とか人事を担当する人たちの給料は，本社人事部の勘定で支払われます。本社人事部は，こうした点を背景に事業所の人事担当組織に影響力を行使できるのです。

　三番目のパターンは，最も本社人事部門の分権度が高いもので，総合商社がこれに当たります。人事を担当する組織はありますが，本社人事部とキャリア上のつながりはなく，ただ単に企画担当組織が兼担しているだけで，本社人事部との指揮命令関係は一切ありません。

　もちろん，こうした違いは，総合商社の人事担当者が分権主義者で，銀行の人事担当者が権力主義者だということではありません。それぞれの総合商社，メーカー，金融機関の業務の集権性が，人事部と現場の人事を担当する組織の関係に反映されているのです。金

融機関は，これから変わるかもしれませんが，お金を扱うという意味では非常に業務が均質的なため，業務の集権性が高く，本社人事部に権力を集中させたほうが管理がやりやすくなります。それがメーカー，総合商社となるにつれて業務の多様性が拡大するので，本社人事部が統括するには限界があります。当然，本社人事部と現場で人事を担当している組織との関係も分権度が高くなるほど希薄になるのです。

人事コンプライアンス？
──人事企画グループと個別人事グループとの対話

Q　本社と事業所の人事部門の役割分担については分かりましたが，では本社人事部は具体的に何をしているのでしょうか。

A　次に人事担当組織の中で，特に本社人事部が何をしているのかをお話しましょう。まず第1の仕事は，**募集・採用**です。本社人事部は会社で仕事をしている人すべての採用を担当しているわけではなくて，1時限目でお話しした従業員区分に従うと，正社員の採用，なかでも特にホワイトカラーの採用を担当します。ホワイトカラー以外の正社員や，パートタイマーなどの非正社員や派遣社員といった人たちの採用は事業所が担当します。

次に，**人事企画**という仕事があります。これは先程お話した人事

部の仕事の中でも最も中枢的な部分です。例えば，**人事制度の企画・立案，中長期的な人事計画，労働組合との折衝**などがそうです。それからもう一つ，**人事企画の重要な仕事は，人事制度の運用にかかわる「川上部分」**です。職能資格制度は，制度の理念上は個人の職務遂行能力が向上すれば誰でもが昇格するように運用するべきですが，そうすると，人件費が天井知らずになります。それを防ぐために，企業は**昇格枠**を設定します。本来，職能資格制度は絶対評価に従って運用されるべきなので，昇格枠を設けることは制度の趣旨に反しますが，多くの企業が運用上設けています。こうした昇格枠を設定し，昇格の可否を決定するのも人事企画の仕事です。

先に，人事企画は人事部の中枢だと言いましたが，**こうした人事制度を個別の従業員に当てはめるという仕事を担当しているのが個別人事**です。言わば人事制度の運用に関する「川下部分」です。例えば，従業員の異動や，昇進・昇格，あるいは人事考課などの業務です。人事考課といっても，人事部門が評価をつけているわけではありません。**職場の管理職が行った評価の調整を個別人事のラインが行っている**のです。

それらからもう一つ，人事異動，あるいは昇進，それから職能資格の上位資格への昇格立案という仕事があります。誰を異動させるか，昇進させるか，昇格させるかということの立案です。企画グループが，人事部のなかで制度を作るグループだとすると，その制度を運用するのが個別人事グループです。

この個別人事グループと企画グループは，あまり人事部の中で仲がよくありません。なぜなら，基本的に利害が異なるからです。**個**

別人事を担当しているグループは，どうしても従業員サイドに立ったものの見方をします。従業員に対してはもちろん厳しいことを言うかもしれませんが，人事部の中では限りなく従業員側です。

　企画グループは，会社全体の人件費とか，人事計画などを見ながら仕事をしていますから，人事部門の中でもどちらかというと，企画とか，財務・経理とかに近い見方をします。それぞれの立場が正反対のために，仲が悪くなるのは当然と言えば当然かもしれません。個別人事グループは，「人事企画の人たちは現場を知らないで制度を作っている，だから，現場の人たちはこのような不満を抱えている」と考えます。企画グループのほうは，「個別人事の人たちが，自分達の作った制度をきちんと運用していないから，そういう問題が起こるのだ」というわけです。

　それでは，このようにケンカをするのであれば，この二つのグループを一緒にしてしまえばいいではないか，誰しもそう思うでしょう。しかし，組織を別にする必然性がないくらいの非常に小さな規模の企業であればともかくとして，一定の規模以上の企業では，やはり制度的に二つのグループに分けるべきでしょう。

　というのは，ルールを作るグループとルールを運用するグループとが一緒になると，コンプライアンス上の問題が起こりかねないからです。制度を作ってから，「この人を上げたいから，この人を上げられるような制度にしよう」という運用が行われる危険性があります。こうしたことが起こらないためには，やはり制度を作る側と制度を運用する側は，組織をはっきり分けないといけないのです。

　例えば証券会社等では，コンプライアンス上，意図的に会社内の

情報を遮断しておく必要があります。そうしておかないと，インサイダー取引が起こる可能性があるからです。企画グループと個別人事グループについても，同じことが言えると思います。もちろん，時には部門の壁を越えて仕事をすることも，人事部門として重要でしょう。

　これまで，人事部の仕事として，三つお話をしました。募集・採用，そして人事企画，個別人事でしたが，これらに加えて，四番目に**労務**と言われる仕事があります。銀行の場合，労務の仕事を担当しているのは，先に述べた企画グループです。労務の仕事は，労働組合との交渉が中心です。この仕事を担当している人は，1970年代までは略して**「労担」**と言われていました。労担の仕事は，労働組合ときちんと話をすることです。この労担から会社の重役に上り詰めて，場合によっては社長になるような人達が「労担重役」です。

　労担の仕事は，非常に人間関係がものをいうので，人事部の中でもこのポジションは，1人の人が長期間にわたって担当することになります。その理由は，人間関係を構築することに加えて，もう一つは訴訟案件を抱えるために，長くなるのです。労担の人達は，日本の労使関係の安定化に寄与するところが大きかったと言えるでしょう。

　最後に教育訓練ですが，これは，仕事を離れた訓練（Off－ＪＴ），仕事に就きながらの訓練（ＯＪＴ）の二つに分かれます。昔は，Off－JTの主流は階層別教育というもので，例えば新入社員研修とか，3年目研修とか，5年目研修ということで，同期の人達を集めて職場から一定期間離して訓練を受けさせていました。そこには，もち

ろん教育という側面もありましたが，同期の仲間意識を高めること
も重要な目的でした。

人事部はもういらない？
──新規学卒採用，長期雇用，判例法理

Q 　例えば，新規学卒採用や制度企画，それからOff
－JTなどは，制度が複雑になるに従って人事部の
仕事も増えそうです。その一方で，労働組合が弱くなってきて
いる現在，「労担」の仕事は減っていくように思います。そう
すると会社内での人事部門の役割は今後はどのようになってい
くと思いますか。

A 　先程，規模の経済性が生じるものは，人事部門が担当
すると説明しましたが，その最たるものが新規学卒採用
です。中途採用は，それぞれの仕事に応じて人を採用しなければい
けないので，規模の経済性よりは現場が行うべき仕事になります。
一方，新規学卒採用は特定の職務に配属することを前提としていま
せん。だから，Aさんだったら，どの仕事でも大丈夫ですというこ
とで採用する。したがって，現場が細かく関与するよりは人事部門
に任せた方が良い，そういう意味では，規模の経済性が働く典型的
な分野です。
　そして，こうした新規学卒採用はその後の人事部門の人事管理へ

の関与を強めることになります。まず，新規学卒採用が行われると，その人たちを定期的に異動させないといけない。日本の企業に定期異動という慣行がありますが，これも一種の人事異動に関する規模の経済性を達成するために行われるものです。

　また，年次管理も新規学卒採用に連動しています。新規学卒採用者は最初の何年間かは「平成21年入社，平成20年入社」といった年次で管理されます。最初の何年間は一人ひとりの能力の見極めがつかないために，入社年次というくくりで管理をして，昇進・昇格させていくわけです。

　年次管理の下では，評価の調整も行われます。これは同じ新規学卒者として同じ条件で会社に入ったのに，上司の甘辛によって評価に差がつくのは不公平だという感覚があるからです。このように，新規学卒採用が定着していると，その後の人事管理において，結果として人事部門による関与が強まることになります。

　それから，**規模の経済性のほかに，人事部門の関与を強めているのは，解雇規制**です。2時限目でお話しした解雇権濫用法理によって，日本では整理解雇を行うことは困難です。そのため，解雇を経ない雇用調整として関連企業への出向，早期退職，社内での配置転換などをやらないといけない。これはそれぞれの部門で完結する仕事ではないので，当然，人事部門が関与しなくてはいけないのです。

　これに対して，**外資系企業の場合には，基本的に会社が雇うのではなく**（もちろん，法律的にはそうかもしれません），**実態は「上司」が「部下」を雇う**という感覚が非常に強い。だから，部下のロイヤリティ（忠誠心）の対象は，会社という法人に対してないわけではな

いが，やはり上司に，自分を雇ってくれたことに対してロイヤリ
ティを示すことになります。

　このように，「会社が人を雇う」モデルに対して，「上司が部下を
雇う」モデルの場合，特に部下が新規学卒者でないケースでは，先
程述べたような人事部門の人事管理への関与はそれほど高まりませ
ん。この場合には，人事部門の仕事は，どちらかというと人事管理
の担い手である管理職をサポートすることが重要になるのです。

　そのほかに，日本企業の人事部門でも，どちらかというとサービ
ス部門に近いところもあります。例えば，シンクタンクや研究所で
は，人事部門が研究員を採用するのではなく，やはり現場の専門家
が採用しないといけないので，採用の判断はどちらかというと現場
に委ねられます。人事部門が担当しているのは，主に給料計算など
です。このように，日本の企業でも専門職組織においては人事部門
はサービス部門的な役割に限定されているのです。

人事管理の「筋肉痛」！

　労働組合の役割が低下していけば，その限りで労担の役割も低下
していきます。より重要なのは，解雇規制が緩和され，「ハイアー・
フリー，ファイアー・フリー（随時雇い随時辞めてもらう）」という世
界になるかどうかです。もしもそうした社会が到来すれば，採用や
解雇の問題は人事部門の手を離れて現場の管理職の問題となります。
だから，人事部門はどちらかというと法律的な助言などをするのが
仕事になり，誰を解雇するかを決めるのが現場の管理職ということ
になれば，人事部門はサービス提供に特化していくと考えられます。

それに対して，解雇規制も当面は変わらない，企業の新規学卒者に対する依存度もそれほど変わらないならば，日本企業の人事管理も大きく変わることはないでしょう。

　今，世の中では，終身雇用が崩壊したとか，日本の人事管理が変わっていくとか言われています。しかし，新規学卒採用が変わらなければ，あとに続く人事管理もそれほどに大きく変わりようがないと思います。だから，新規学卒採用で昔ながらの長期雇用，年功賃金であったところに成果主義を入れたり，新しい人事制度を入れたりして，いろいろと「筋肉痛」を起こしているのが，今の日本の人事管理の現状ではないでしょうか。

人事を辞めて人事の仕事？
——人事業務のコンサルタント化

Q 書店に行きますと，よくコンサルタントの人たちが人事に関する本を書いているのを見かけます。そういうコンサルタントの人たちは，企業の人事部門とはどういう関係にあるのでしょうか。

A 人事の仕事は一昔前までは聖域であって，人事部門の人が自社の人事に関する仕事を外部の**コンサルタント**に委ねることはほとんどありませんでした。それにはいろいろ理由があって，やはり機密事項もあるので，なかなか外の人に任せられない，外に頼まなければいけないほど社内に人がいないと思われたくない，などなどです。**社会保険労務士**という資格を持っている人が，中小企業の社会保険の支払業務を代行したり，それとワンセットで，労働基準法とか基本的な法律についてアドバイスをしたり，人事管理について簡単な助言をしています。しかし，コンサルタントの場合，話は別で会社の中に入っていくのは，かつては難しかったと思います。

コンサルタントのデパート化

それに比べれば，今はすっかり様変わりして一部の大企業などは，「**コンサルタントのデパート**」と化してしまっています。会社の評

価制度を変えるとなると，コンサルタントに依頼し，次に別の制度も変えるとなって，またコンサルタントに依頼するなど，いいお客さんになっている企業もあるかと思います。

　どうしてこうも変わったのかというと，良い悪いは別として人事コンサルタントの市場が形成されたからだと思います。市場が成立するためには供給側と需要側の存在が不可欠ですが，では，供給側は誰かというと，元人事担当者だった人が会社を退職して個人でコンサルタントになったりしています。

　もちろん，個人のコンサルタントだけではなく，例えば外資系のコンサルティング会社のように，こうしたコンサルタントを組織的に雇用しているところもあります。外資系のコンサルティング会社が，日本に進出してきた影響は大きいと思います。マーサーやタワーズワトソンといった外資系のコンサルティング会社が日本に進出し，日本人のコンサルタントを多く雇用しています。

　それでは需要側としてはどの様な要因があるかというと，企業が従業員数を減らした結果，人事スタッフの数が業務に比して過少になってしまい，そのことがコンサルタントへの依存を強めていることが挙げられます。もちろん，人が少ないことは生産性の向上でカバーできる余地もありますが，生産性を向上させるだけでは対応できないこともあります。その結果，外部の人の力を借りなければいけない状況が生じたのです。

　特に日本の組織は，外からの権威に頼りやすいというか，外部の専門家による客観的な助言が社内の意思決定を通しやすくする側面があります。それが外資系のコンサルタントですと，さらに通りや

すい風潮もあります。

　やはり何事も市場が存在するわけで，市場の力をうまく使って，外部の人のアイデアを借りたりして，その対価を払うのは当然のことだと思います。

　ただ，健全な市場を育てるためには，ユーザーである人事部門の人たちの「目利き」が大切です。なんでもそうですが，「悪貨が良貨を駆逐する」ことがないように，ユーザーである人事担当者の意識を高めることが必要でしょう。

第4時限目

〇企業に人事部は必要ですか。或いは不要ですか。もしも人事部を解体したら，人事部がしていた仕事は誰が担当することになるでしょうか。

〇人事部門の変化は人事管理に影響しますか。それとも人事管理の変化が人事部門に変化を促すのでしょうか。

〇あなたが働いている会社に人事を担当する部署はありますか。ある場合は，どのような名称になっているかを調べてみましょう。

若者は「粘土」か
——採用と初期キャリア管理

なぜ新規学卒社員を採用するのか？
——日本的雇用と経済理論

Q これまで日本では新規学卒採用が中心だというお話がありました。これはどうしてでしょうか。

A ご質問にお答えする前に，この章の副題は**「採用と初期キャリア管理」**となっている，このことについてお話しします。

人事管理にはさまざまな領域があることを序章でお話ししましたが，採用は組織に対するメンバーシップを与えるという意味で非常に重要です。いったん与えたメンバーシップは，解雇に対する規制がある以上，そう簡単には解消できないからです。

特に日本の場合には，新規学卒採用で職業経験のない人を採用す

る，そして，何カ月か前までは学生だった若者を社会人として組織に適合させなければならない。そういう意味では，新規学卒採用，それから，新規学卒者の選考，採用後の配属，そして，入社後何年間かかけての育成，これらを一貫して「初期キャリア管理」としてとらえるのは非常に重要だと考えられます。

こうした初期キャリア管理のプロセスは，まず採用方針を確立し，それから採用計画を作り，外部労働市場で求人活動（募集）を行い，応募してきた人が採用基準に合致するかどうかを確認するために選考が行われます。採用後は初任配属，そして初任配属後のキャリア管理という流れで進みます。

新規学卒採用

ここで確認ですが，新規学卒者の採用そのものは日本企業の特徴では決してありません。例えば，一世を風靡したGEのCEOであるジャック・ウェルチもGEの生え抜きですし，そのあとのCEOのジェフ・イメルトも短い他社経験のある「準生え抜き」でした。ですから，生え抜きの人がトップに昇り詰める慣行自体は，洋の東西を問わないのです。

ただ日本の企業では，新規学卒社員からの企業内昇進が圧倒的に多く，しかも単に従業員としてのトップ層になるだけではなく，従業員の身分を卒業したいわゆるマネジメント層にも登用されていくのです。この点は，日本企業の特徴ではないかと思います。

では，外部労働市場から中途採用を行えば，でき上がった戦力を確保できるのに，なぜ仕事の経験のない新規学卒者を大量に採用す

るのか。これに関して一つ言えるのは，白井泰四郎『現代日本の労
務管理（第2版）』（東洋経済新報社，1992年）でも述べられていますが，
可塑性という点です。企業が人的投資を行い，従業員を自らの会社
にカスタマイズし，価値を生む労働力に育成していくためには，従
業員の側にそれに適応する能力が必要です。ちなみに，可塑性の
「塑」という字は「こねくり回す」という意味です。職業経験がな
い代わりに癖がついていないので，会社が丁度粘土を「こねくり回
す」ように，いかようにも育てられるのが，新規学卒者が選好され
る理由なのです。企業は，「可塑性」をもった労働力に対しては若
いうちから人的投資を行い，その後長い時間をかけてそれを回収し
ていきます。

　では，「可塑性」があれば別に新規学卒者である必要はないので
はないか，という疑問が生じます。しかし，ここで問題になるのは，
現在新規学卒採用で賄っている100人，200人という沢山の人を中途
採用で採れるかどうか，それが実際には難しい。そのことが新規学
卒採用に依存せざるを得ない理由である，これは企業の方からよく
うかがう話です。

　最近では，「第2新卒」の労働市場もあるし，転職したい人も増
えているので中途でも頭数を集めることは可能になりました。しか
しながら，そういう人たちが本当に会社にとって望ましい人材なの
かを，限られた期間で見極めるのは非常に難しい。これに対して新
規学卒者は，職業経験は無いかもしれませんが，他の会社の色がつ
いていない，白紙の状態にあると言えます。企業から見れば，銘柄
大学から採用できれば，その人のポテンシャル（潜在能力）は高いと

いうことになるわけです。

　こうした新規学卒採用が定着している結果，今度はそれをビジネスにしている，いわゆる**就職産業**が生み出されました。

企業は何を見て採用しているのか？
——就職戦線狂想曲

> **Q** 　企業が応募者のポテンシャルを見ているというお話がありました。このポテンシャルとは具体的には何なのでしょう。企業は何を見て採用しているのでしょうか。

A 　企業が応募してきた人の中から，自社の採用要件に合致しているかどうかを見極めることを**選考**と言います。一般的には，選考の手段としては，面接の評価，適性検査，学業成績，ペーパーテストの結果などがあります。

　それでは，応募者に「可塑性」があるかどうかを見極めるための代理指標は，いったい何でしょうか。

　ここで，学校歴について一言しましょう。学歴とは大学出か高卒かということですが，**学校歴**は，大学卒の中でもどこの大学を出たかということです。大学卒が非常に少なければ，大学を出たことに価値があるわけですが，同じ年の中のかなり多くの人たちが大卒になると，今度は大卒でもどこの大学を出たかに価値が生まれる。そういう意味で，学校歴は，企業にとって能力の重要な代理指標にな

るのです。

　もちろん，一部の会社では，**学歴不問採用**をしているところがあり，世間的にはいいことだと思われています。確かに「あの企業は学歴を見ない，人物本位で採用している」と言うと聞こえは良いですが，よく考えてみると，一人の人間の能力に関する重要な情報を放棄しているではないでしょうか。

リクルーター

　能力の「可塑性」の代理指標の一つは学校歴ですが，企業がある銘柄大学を卒業した人を組織的に採用したい場合に，**リクルーター**制度が導入されます。会社がフォーマルにリクルーターを，選考のある段階から応募者につけることもありますし，説明会やセミナーに参加した学生に，リクルーターをつける会社もあります。金融機関などでは，フォーマルな選考が始まる前に，リクルーターが訪ねてくることがあるそうです。このリクルーターと接触して，社外で話をするのが，採用の前哨戦となるのです。

　16世紀にイエズス会のフランシスコ・ザビエルが布教のために日本を訪れ，キリスト教の布教をしたことはよく歴史の教科書にもでてきます。しかし実際には布教の目的以外にも「重商主義のエージェント」という側面もあったと言われています。リクルーターもそれと同じで，会社の宣伝をするというのは「表の顔」であり，その実彼等には別のミッションが課せられていたのです。ハッキリ言えば，企業が採用したい大学を卒業した入社1年目の人を，その大学の学生と接触させており，要は特定の大学の学生を採用するのが

リクルーターに課せられたミッションなのです。

　表向き，リクルーター制度を導入していることを標榜している企業はあまりありません。この制度は，会社側が誰に会うかを決めることができるので，ある意味非常に恣意的であり，「機会均等」という理念とは反するからです。しかし，特定大学の学生の採用という目的を達成するためには，リクルーターは誠に都合のいい制度です。何人ものリクルーターに目合わされることによって，その学生の能力や会社，社風への適合性が見究められ「情報の非対称性」をある程度は解消できるからです。

　このように，リクルーターは企業の選考過程において重要な役割を担います。しかし，同じ大学出身のOB・OGが見ているので，どうしてもひいき目になったり，リクルーター自身にノルマが課せられており，個人の資質を見極める以前に，あるところまでいったら囲い込もうというインセンティブが働いてしまうという問題もあるようです。

インターンシップ

　限られた面接やテスト，グループ討議だけでは，個人の資質を見極められないという問題に対して，一つの解決策がリクルーターですが，もう一つは**インターンシップ**です。インターンシップには，大学における授業の一貫としての就業体験もあれば，一部の外資系企業や日本のメーカーが行っている選考に完全にビルトインしたものもあります。これが，**採用直結型インターンシップ**と呼ばれるものです。インターンの結果だけで内定が出ることはないと思います

が，正式な選考が始まる際にかなりのウエイトで影響するのは，容易に想像のつくところです。

　このように，「可塑性」を見極めるために，企業はいろいろなやり方をとりますが，インターンシップでも，リクルーターでも，参加できる人が限られているし，日本では就職に関する規制が存在するので，どうしてもそれを表に出しにくいという事情もあると思います。

　最後に**就職協定**について一言すると，かって存在した就職協定は，フライングする企業が続出して，遵守している企業が損をするということになり，結局，1997年に廃止されました。以降，日本経団連は「倫理憲章」，その後は「採用選考に関する指針」といった形で企業の採用活動を規制していましたが，2018年に廃止されています。現状では，政府が採用活動スケジュールの方針を出しており，2022年度卒業までは会社説明会の解禁日は3月1日，選考の解禁日は6月1日となっています。

　就職協定があればあるなりに問題でしたが，いざなくなると，それもなかなか難しい問題です。実際に就職協定の廃止によって，学生の就職活動は早期化しています。そうかと思うと，いい人材を企業がねらって，一人の人に内定が集中するために，逆に内定が出ない学生の就職活動は長期化しています。これは，就職協定が廃止されたことと無縁ではないと思います。

募集・採用管理について

Q 選考についてくわしく説明していただきましたが，今度は募集・採用管理について，教えていただけますか。

A 　初期キャリアの中で重要な領域である募集・採用管理は，採用方針を確立し採用計画を策定することから始まります。採用計画に基づいて，外部労働市場で求人活動を行います。求人活動そのものは，外部労働市場に限るものではありません。企業内労働市場でも社内広告とか掲示板を使って，求人活動を行います。求人活動を特に外部労働市場で行うことを，「募集」と言います。

　「募集」に対して手を挙げた応募者の中で，誰を採用すべきかを決定する作業を「選考」と言うわけです。

　募集をする場合に，そのためのチャネルはいくつかあります。公的なものでは，**公共職業安定所，別名ハローワーク**と言われているものがあります。それから民間の職業紹介機関，雑誌，メディア，新聞，縁故，もちろん学校を通した求人もあります。

　一般に企業がどのような労働力が必要かによって，どういう媒体を使うかは異なります。企業は多くの付加価値を生むことが期待される人材ほど，よりお金をかけようとします。例えば，非常に大きな付加価値を生む人材に対しては**ヘッドハンター**とか，成功報酬でかなり高い手数料を取られるようなところを使ってでもその人を採

用しようとするでしょう。逆に雇用契約期間が短く，それほど個人の人となりについて知る必要がなければ，それに見合った求人媒体でも十分だと思います。

インターネットで就職活動

最近，求人媒体でシェアが飛躍的に拡大しているのは，**インターネット**です。インターネットを通じた求人活動には就職産業大手の企業が参入しています。インターネットを通した求人にはさまざまな問題がありますが，仕事を探している学生がそこに登録するだけで，条件を設定して企業を検索できるのが最大のメリットです。つまり「私はこういう条件で仕事を探している」ということを入力すれば，それに見合った企業を見つけられる，そういう意味では，こうしたサイトは企業と学生の出会いの場を提供しているわけです。

もちろん就職サイトを経由しなくても，直接学生と出会えるという自信がある企業は，そういうものを使わないでしょう。逆に，こういったサイトを採用して，より多くの人と出会いたい企業は，就職サイトにお金を払い出会いの場を用意してもらいます。もちろん，自社でこのようなサイトを立ち上げているところもあるようです。

「内定」と「内々定」

選考が終わって選考をパスした人は，新規学卒採用の場合，「**内々定**」という身分になります。そして，10月1日になると「**内定**」という身分に変わります。「内定」と「内々定」は何が違うかというと，内定になると，労働法規の適用が企業に雇用されている状態に準じ

たものになり，企業が内定を解消することに法的な拘束が生じます。解雇とまでは言わないまでも，内定を取り消すのはよほどの事態でないとできません。ただ，2008年秋以降の経済危機の下では，内定を取り消された学生が続出しました。簡単にできないはずの内定取り消しが次々と行われるほど，この経済危機の影響は大きいものでした。

話は前後しますが，6月1日から正式に始まる選考をパスすると学生は「内々定」になります。

企業としては，学生側が売り手市場の際は，他社との対抗上，内々定を早く出さざるを得なくなります。しかし，内定の時期はだいたい10月1日で固定しています。そうすると内々定の時期が長期化することになり，内々定した学生をどうやってフォローするかが，企業にとって重要な課題となります。

実際に就職市場が売り手市場に転じた2000年代の半ばは，**内々定辞退者**が増加しました。内々定から内定までの間が長期化したために，結果として学生に他の選択肢を与えてたことや，一人当たりの内々定獲得数が増大したことが理由として考えられます。

ただ，大企業の場合，この問題はそれほど深刻ではありません。大学入試と同じで，大企業の場合，歩留まりを見込んで内定を出せるからです。例えば，他社に逃げられるといっても，過去の実績を踏まえて，どれぐらいの人が辞退するかというデータがあるので，それを見込んで内定を出すことができるのです。

問題は中小企業です。特に景気がよいときは，大企業は中小企業の採用マーケットに食い込んでいきますから，中小企業から先に

内々定をもらった人が，大企業の内々定をそのあとでもらい，結果
中小企業の内々定を辞退するというかたちでの内々定辞退が頻出し
ました。中小企業には歩留まりを見込んで内々定をだせるほどの余
裕がないので，この問題は深刻であると言えるでしょう。

　日本労働研究機構『変革期の大卒採用と人的資源管理』（日本労働
研究機構，2000年）の調査結果によると，内々定の開始時期は企業属
性によってさまざまであり，大企業ほど早い時期に一斉に内々定を
出し始めます。規模の小さい企業ほど内々定を開始する時期が遅く
なり，時期が分散していることが分かりました。要するに，内々定
の時期は，企業規模によって規定されるところが大きいのです。大
企業よりも早く内々定を出せば，いい人材が採れるかもしれません
が，大企業に抜かれるリスクがあるのです。しかし，大企業より内々
定を遅く出そうとすれば，誰も採れないということになりかねない，
中小企業の採用活動にはこうしたジレンマが存在するのです。

初任配属はどう決まるの？

Q 　新規学卒者の採用者が決まったら，今度は最初にどこの職場に配置するかが問題になると思います。これはどう決まるのでしょうか。

A 　当たり前のことですか，企業がヒトを雇用するのは彼等に何らかの役割を担わせるためです。企業が従業員に期待する役割期待の最小単位を**職務**と言います。採用された従業員は，採用後に職務を配分されることになります。従業員を職務に配分するプロセスを**配属**，新規学卒社員が入社後最初に職務に配属されることを**初任配属**と言います。

　こうした初任配属については，いろいろなパターンがあって，人事部が○○事業部の○○部門の○○部まで決定する企業もありますし，また人事部が決定するのは○○部までで，その部のさらに下位の組織への配属は，その部あるいはその部内の人事部門が決定するというケースもあります。昔は，よく新規学卒一括採用と言いましたが，「一括」の意味は本章で述べた規模の経済性を実現するという点にあります。

　先程の日本労働研究機構 (2000) の報告書によれば，大卒社員の初任配属はどのような要因で決められるかという調査の結果，事務系，技術系ともに「新入社員の希望」「新入社員の適性」(配属先部署からの：著者注)「配属人数の要望」といった意見が多くなっています。

　実は，この調査は，それより7～8年前にも同じ項目で行われていましたが，その時と比べて，「新入社員の希望」が高くなりました。その理由ですが，「企業が個人を尊重にしている」とかっこよく言うこともできますが，逆に言えば，かつては大卒社員が幹部候補生として採用されていたので，個人の希望を尊重する必要はありませんでした。「君たちは幹部候補生なんだ。やりたい仕事ができると思うな。四の五の言わずにやれ。その代わり，君たちのキャリアは会社が面倒をみる」それが企業の偽らざる本音だったと思います。

　逆に，本人の希望を尊重するようになったのは，大卒社員も幹部候補生だけではなく，フロントでの実務の担い手としても採用されていることを示唆します。大卒社員が実務の担い手となり，特定の職務への配属期間が長期化すれば，企業も昔に比べて仕事とヒトのマッチングを考えざるを得ないのです。

新規学卒採用に「瑕疵担保」はあるか？
――採用部隊と配属部隊のコミュニケーション

> **Q** 新規学卒採用の場合，人事部門が主導になって「規模の経済性」を働かせて効率的な採用をするということでしたが，実際に配属される現場では，人と仕事のマッチングがうまくいっているのでしょうか。

A これは永遠の課題です。人事部門が手を尽くして採用して配属しても，あらかじめどこの職場に配属するかを想定して採用が行われている場合もありますが，そうではない場合がかなりあるので，その職場で齟齬をきたすことは当然あるでしょう。

かつて同じ企業に生涯勤めるのが当たり前だと思われていた時代には，このような問題は顕在化しませんでした。将来に対しての不確実性が強まると，「この会社にずっといて自分のキャリアは大丈夫なのだろうか」と考える人も増えるかもしれません。その結果，**転職意識**が強まるかどうかはともかく，現場での人と仕事の**ミスマッチ**が問題になるケースは少なからずあると思います。

この点**入社3年以内の早期離職**という問題が，以前から指摘されています。これは通称「**七五三現象**」と言われていて，新規学卒者の入社3年以内の離職率が，中卒7割，高卒5割，大卒3割ということを意味しています。また城繁幸氏の『若者はなぜ3年で辞める

のか？』（光文社新書，2006年）という本が出版されて，ベストセラーになりました。

早期離職の原因

このような状況がなぜ生じているのでしょうか。

一つは，若者の転職意識の強化が考えられます。しかし，日本生産性本部が毎年実施している『新入社員意識調査』を見ると，必ずしもこの仮説は実証されません。むしろ，今の会社に一生勤めようと思っているという回答が，年を追うごとに増大しています。

二つ目は，企業側に問題があるのではないかという仮説です。企業側の問題は何かと言うと，先程，人事部門が責任をもって初任配属を行うと言いましたが，人事部門も中は組織が分かれていて，採用する側と配属する側は別の組織で，人事部門内で両者の十分な意思疎通が行われているとは限らないことです。ひとたび退職者が出ると，採用した側は「私たちがちゃんとした人を採用したのに，あなたたちがきちんと配属しないからだ」と言うだろうし，配属した側は「あなたたちがちゃんと人を採用しないのが問題だ，私たちは与えられた手ゴマの中でやっているんだ」という不毛なののしり合いというか責任転嫁が生じてしまうのです。

この問題を解決するために，ある会社では「マンションを売ったら10年間は責任を持ちなさい」（これを「瑕疵担保条項」と言います）と同じように，採用したら入社3年間は採用した人が責任を持つというやり方に変えたそうです。

このように採用の論理と配属の論理のミスマッチが，若者の早期

離職の一つの原因です。

　三つ目の問題は，世代効果と言いましょうか，不況期に就職した人は好況期に就職した人に比べて不本意な就職をしているので，そういう人たちは，ひとたび景気がよくなると，その時点で転職することを考えます。何年か前の自分の不本意な就職活動を取り返そうとするのです。例えば，高度成長期に就職した人は終身雇用を全うする率が高いという研究もあり，労働市場における世代効果の問題は確かに存在すると言えるでしょう。

　四番目の問題は，職場の人材育成です。日本の企業は，人材育成で人に付加価値をつけるということを申し上げてきましたが，正確に言えば職場で上司が部下に，あるいは先輩が後輩に指導をするという育成方法が重要な役割を果たしてきました。ところが，最近は職場の人材育成能力の低下が看過できない問題になっています。職場の人員が減少したとか，あるいは職場の人員は減らないけれども，正社員が減って非正社員が増えた。その結果，正社員と同じように部下の育成までは頼めないということになって，育成の担い手がやせ細ってしまいました。

　これは比較的小さな企業の事例ですが，最近では新入社員の配属をあえて希望しない部門もあるようです。例えば5人が適正な人数の職場に1人新卒者を配属して6人になったとしましょう。一見5人の戦力が6人になるので戦力アップに見えますが，実際はそうではありません。最初のうち新人は戦力にならない。また，もう1人は新人教育に忙殺される。そうすると，実際に仕事をするのは4人になってしまう。それだったら5人のままのほうがいい，というこ

とになるのです。

　このようなギリギリの状況の中に，あえて新入社員をその職場へ配属すると何が起こるかというと，徹底的に無視されるか，徹底的に酷使されるか，どちらかです。そうなると，その人は結局辞めてしまう。これも早期離職の一つの理由です。

　私の親しい就職問題評論家は，「若者は仕事経験がないのだから，ミスマッチなどという大層なことを言う暇があったら組織に適合することを考えろ」と言っています。確かに，ミスマッチが増大しているかどうかはわかりませんが，企業が新入社員を受け入れる体制，育成していく体制が弱体化したことも事実です。

　今は企業同士が，お互いがしっかりしていたときに育成した人材の上澄み層を採り合っています。これでは，しっかりと育成された人材のストックが枯渇してしまうのは明らかです。**リストラも成果主義も，それ自体は必ずしも間違っているとは言えませんが，人を育てていく努力をないがしろにすると，やはり5年先10年先にかなりボディブローのように効いてきます。**「その頃には，私はここの会社にいないから関係ない」という人もいるかもしれませんが，これは日本経済全体の問題なので，やはり社会全体で考えていかなければならないことだと思います。

○企業が即戦力ではなく，仕事経験のない新規学卒採用を重視するのはなぜですか。

○新入社員の早期離職は，初期キャリア管理の充実によって抑制できますか。それとも，新規学卒採用の帰結でやむを得ないことだと思いますか。

○学歴や学校歴を見て新規学卒者の採用・不採用を決める企業についてどう思いますか。また，学歴不問採用の企業にとってのメリットとデメリットは何でしょうか。

「就職社会」と「就社社会」

ふれい考

今年もゼミの学生から頻繁に連絡が入る時期が直に来る。日く「就職活動」のため、ゼミを休ませていただきます」と。しかし本来「就職活動」とは「職業」を探すことであるが、多くの学生が探しているのは「職業」ではなく「会社」である。要は学生のシューカツとは「就社」活動であり、これは日本の特徴である「就社社会（菅山真次）」への入口なのである。

就社社会では、予めスペシャリティーを持たない新規学卒者はジョブ・ローテーション等によって育成される。要は「就社社会」には、社員が会社に寄り掛かり「社蓄」を量産するというデメリットがある。しかし、見

慶應義塾大学
商学部教授

八代　充史

他方就職社会では、スペシャリティーは会社ではなく「会社」である。

ィーは会社ではなく職業で
あり、彼らは「会社人」で
ある前に、まず「職業人」
であるといえるだろう。

「就社社会」には、社員
は「職業」ではなく「会社」
であるから、素質のある新
規学卒者が評価され、結
果、学校から職業への円滑
な移行が実現
される
のであ
る。

しかし、日本も未来永劫
「就社」社会とは限らな
い。将来的に従業員の転職
が増えれば、労働市場は当
然職業別になる。社外市場
で評価されるスペシャリテ
ィーは、あくまで「職業」
であり、「会社」ではない

がるが故に会社に対する忠
誠心を持ち難い就職社会よ
りも、企業にはプラスであ
る。さらに人材育成の主体
は「職業」ではなく「会社」
に時間を要する新規学卒者
は敬遠されかねない。その
結果生じるのは、学校から
職業への円滑な移行が難し
くなることである。

職業別労働市場が存在す
る欧州諸国で若年失業率が
高いのは、この点が影響し
ているといえるだろう。職
業別労働市場では雇用の主
体はあくまで「会社」では
なく「職業」だから、必ず
しも雇用の安定にはつなが
らないことを我われは認識
するべきである。

方を変えれ
ば、企業が従
業員から忠誠
心やコミット
メントを引き
出せれば、社
外にスペシャ
リティーが広

からである。そうなると、
企業は自社で従業員を育成
するよりも、職業が育成し
た即戦力を優先して、育成

（資料出所：「労働新聞」第3108号　平成29年4月10日）

第6時限目

ビジネスパーソンは
仕事と上司を選べるか
——人事異動の一般理論

キャリア権について

Q 今回は人事異動についてですが，どうして会社が
人の配置を変えたり昇進させたりするのでしょうか。

A いままでの復習になりますが，人に付加価値をつける，
そして，付加価値をつけた人が今度は企業に付加価値を
もたらす，そのようなかたちで企業内労働市場化が進行すると，
キャリア（人の職業経歴）も企業の中に取り込まれていきます。

そこで会社は，企業内労働市場の担い手である正社員を雇用する
場合に，幅広いキャリアを期待します。もちろん，幅広いと言って
も，人事，経理，営業などを経験する幅広さ，経理の中でも経理と

財務と両方分かるという幅広さもあれば，あるいは，経理の中でも財務会計と管理会計の両方を経験しているという幅広さもあるかと思います。会社とは，そういうものを包含した幅広さを正社員に期待しているのです。

　ただ，そういう幅広さをもつ人材を，個人にキャリアの選択が委ねられている状況で育成できるかというと，なかなかそうはいきません。個人はリスクを回避するから，自分で自分のキャリアを選択できるのであれば，どうしても専門に特化してタコツボ化していく。そのほうが外部労働市場でも評価されるし，あるいは，新しい仕事のチャレンジに失敗して自分の評価が下がることもないからです。

　したがって，企業が必要としている幅広さを有する人材を育成するためには，どうしても**企業主導のキャリア形成**を行う必要があります。ただ，企業主導でキャリア形成を行うためには企業もその償いをしなければいけない。それが年功賃金や長期雇用です。

　この点，諏訪康雄先生が**「キャリア権」**ということをおっしゃられていて，キャリアというのは個人に本来的に与えられている権利である，そのような意味でこの言葉を使われています。これはまったくそのとおりで，この点をことさら主張されるのは，企業が主体的に人事異動を行うことへのアンチテーゼとして，キャリアは個人に帰属していることを思い出させるためだと思います。

　キャリア権は本来的に個人に帰属しているということに関しては，今も昔もそのとおりだと思いますが，企業内労働市場のもとでは，それを信託財産のように企業が預かって，「運用」している。言い換えると，その企業がいろいろな配置転換を行い，従業員を育成し，

育成した従業員は会社に利益をもたらす。その部分を企業は「利回り」として，昇進とか昇給とか雇用の安定というかたちで，個人に還元していく。このような状況ではなかったかと思います。

個人選択型の人事制度

しかし，キャリア権を企業が運用することで対応できればそれでよし，経済成長の鈍化によってしだいに利回りも低下してきます。個人にとって，それは割に合わないことです。「キャリア権を自分に返してくれ」，「自分で主体的に運用したい」，という要求が当然出てきます。それに対応しようというのが，近年，企業で導入されている**社内公募制**や**社内ＦＡ制**と言われる**個人選択型人事制度**です。

個人選択型人事制度は，従業員のキャリア形成に個人の意向を反映させることを目的としていますが，それは**個人主導型キャリア形成**とは別のものです。個人主導型であれば，100％自分の思いどおりにキャリアを形成できますが，組織にいる限りそれは難しいのが現実です。組織は個人の集合体ではなく，組織として固有の意思決定を行うので，個人と組織の利害が100％一致することはまずないでしょう。このギャップを調整するのが，人事管理，人的資源管理なのです。

個人選択型の人事制度としては，先程お話しした社内公募制度があります。企業が，あらかじめ会社の中で空席となっている仕事をオープンにし，希望者を募り，そこから選抜を行うことによって配置を決定するというものです。

社内ＦＡ制度はその逆で，個人が自分はこういう能力やスキルを

もっているから，自分の能力を評価してほしいことを会社に売り込んで，その能力が欲しい部署やポストがあれば異動ができるというものです。ただし，これは個人選択型ですから，必ず競争が伴うもので，やはり自分の意向どおりにことが進むとは限りません。

仕事と上司は選べるのか

では，仕事と上司を選べるのかということですが，上司が部下を選ぶ世界はあるかと思いますが，部下が上司を選ぶ世界は皆無に近いのが現状です。

しかしながら，最近は，**多面評価制度**という制度があり，自分の上司が理不尽なマネジメントをしていて，それを上司に言ってもどうしても改善されない場合には，部下を含む複数の人が評価を行う。そして，その人たちの評価がいずれも，その上司の能力に疑問符をつけることになれば，役職からの離脱を検討している企業もあるようです。ただし現実的には，宮仕えの身では，なかなか仕事や上司を簡単に選べる状況にはないことは間違いありません。

ゼネラリストかスペシャリストか？
——配置転換の必要性

Q　会社の中ではゼネラリスト，スペシャリスト，両方を育成する必要があるというお話がありました。しかし，どうして両方育成すべきなのでしょう，スペシャリストとして同じ仕事をずっとやってもらって専門的なスキルを高めていく，これだけではなぜいけないのでしょうか。

A　質問に対するお答えは，「ゼネラリストもスペシャリストも必要だ」ということです。先程，幅広いキャリアでなければ正社員として雇う必要はないと言いましたが，その中には当然スペシャリスト的なキャリアをもった人，幅広いキャリアといっても非常にスペシャリティ（専門性）が高く，そのうえで少し関連部門に深掘りしている人もいるわけです。

　問題は，なぜ企業が，仕事を変えることによって，同じ仕事に就いていれば得られるであろう専門性を敢えて放棄するのかです。配置転換の前提として，人は会社に入るとある仕事に配分されます。それを配属と言いますが，それは所与の条件の下で行われるのです。所与というのは，労働供給側，働く側の能力とか意識といった問題もありますし，雇う側の会社の組織とか，雇う側が今どれぐらい人を必要としているかということもあります。したがって，こうした所与の条件が変われば当然，マッチングを見直すことが必要になり

ます。これが，配置転換を行う理由の一つです。

　今一つは，マッチングは必ずしも短期ではなくて企業内労働市場の中で長期的な視点で考えられています。ですから，キャリアの幅を広げていろいろな仕事をすることが，直接その人の現在の仕事には役に立たなくても，長期的な想定のもとでキャリアの幅を広げることにもつながるわけです。

　そういう意味で，**配置転換を行うのは，働く側あるいは雇う側の所与の条件の変化に対応するためだと言えます。**例えば，能力が向上したら今の仕事では物足りなくなり，もっとチャレンジングな仕事に配置する必要があるとか，あるいは，雇う側も，組織を改廃して，二つの部が一緒になったら部長は一人でよくなり，もう一人の部長をどこかに動かさなければいけないという事情から，配置転換を行うこともあります。

　それは，ある意味では「会社が人を雇用している」モデルから派生することで，これが欧米企業のように「仕事に対して人が雇われている」（濱口桂一郎氏は，前者を**メンバーシップ型**，後者を**ジョブ型**と呼んでいます）のであれば，もし工場が閉鎖されたら，その工場に勤めている人はみな即解雇です。日本は会社が雇用しているので，その工場が閉鎖しても，そこで働く人たちは会社が責任をもって，どこか別の仕事を探すことが必要になります。やはり配置転換は，「会社雇用モデル」が前提なのです。

　さて，人事異動，配置転換がどう行われているかですが，人事異動には機会費用がかかります。企業としては，機会費用がかかるのであれば，なるべく同じ時期にまとめてしまうほうがコストの節約

になります。どういうことかというと，人事部門には他の仕事もありますから，いつも人事異動，配置転換ばかりしているのでは，他の仕事がおろそかになりかねません。その結果として定着したのが，定期異動という慣行です。日本労働研究機構の調査によれば，従業員規模1,000人以上の企業では，66.6%，3分の2ぐらいの企業が定期異動を行っています（日本労働研究機構『大企業ホワイトカラーの異動と昇進』日本労働研究機構，1993年）。

　具体的にいつ定期異動を行うかですが，新卒社員が入社する4月，あるいは株主総会が終わる6月の下旬から7月の初めや半期決算がスタートする10月が多いようです。この本は，主に企業を念頭においていますが，例えば，霞が関の中央官庁であれば，通常国会が終了する6月の下旬に幹部の人事異動です。このように，組織には節目の時期が必ずあり，その時期に定期異動が行われているのです。

誰が人事を決めるのか？
——配置・昇進と「異動の力学」

> **Q** それでは，定期異動の内容は誰がどのように決めるものなのでしょうか。

A 定期異動に関しては，会社の中に**「異動の力学」**とでも呼ぶべき，一種の「ゲーム」が存在します。例えば，第4時限目で人事部門には個別人事に関与している部隊があるというお話をしました。ただ，そうした人事異動を誰が決めているかに関しては，人事部門が整然と従業員の人事異動を行い，管理職が従い，本人もそれに従い，粛々と異動していくかと言えば，必ずしもそうではありません。

日本労働研究機構『管理職層の雇用管理システムに関する総合的研究（下）』（日本労働研究機構，1998年）で管理職の人事管理に関する調査を行っていて，課長クラスの管理職に対して，「あなたの部下が他の職場に異動する際，誰のイニシアティブでそうした人事異動が行われますか」と尋ねました。その結果，課長クラスで，「あなたの上司や部門長の部長クラス」が51.9%と最も多く，「あなた自身」つまり「課長クラスの管理職」が20.7%でこれに次ぐ。他方，「人事部門」は15.1%，「本人（部下自身）」に至っては5.9%でした。つまり，人事異動に関与している主体としては，先程お話しした個人選択，個人のイニシアティブで人事異動が行われることは非常に

少ないわけです。

　ここで問題になるのは，それぞれの立場によって，主体，志向性が異なることです。**まず，人事部門は立場上，会社全社の適材適所，いわば全体最適を考えます。それに対して，現場の管理職は，自分の部門の最適，例えば自分の部下に優秀な人材がいれば，手放したくないと考えます。**自部門の優秀な人材が他の部署に異動してそこで活躍すれば，会社全体としては利益になりますが，自部門としては損失になります。そこで優秀な人を抱えこもうとするのです。よほどの博愛主義者でなければ，優秀な人材を自部門に抱えこもうとするのは，やむを得ないのではないでしょうか。**最後に個々の従業員は，基本的に自分がやりたい仕事をしたいという志向性をもっています。**

　そこで，それぞれの異なる志向性をどのように調整していくかが問題です。具体的な解決策としては，新入社員の初任配属は人事部門が行いますが，新入社員から管理職になるまでの時期は，基本的に人事部門はあまり関与せずに，現場の管理職の意向に沿って異動が行われていく。しかし，管理職の異動になると会社の人事部門の意向が強まります。さらに上級管理職になると，人事部門よりもトップ・マネジメントの意向が強くなります。このようにキャリアのそれぞれのステージによって，誰が人事異動のイニシアティブをとるかという濃淡が異なるのです。最近はそこに個人の意向も反映する仕組みができており，こうした仕組みが先程お話した，三者（人事部門，職場の管理職，個人）の利害の違いを調整しているのです。

昇進について

Q 次に，昇進についてうかがいます。人はなぜ昇進したいのでしょうか。そして，昇進すると実際どのようなメリットがあるのでしょうか。

A 昔から**立身出世志向**という言葉がありますが，企業で働く人に，「会社の立身出世志向はどうなっていますか」と言うと，「いやぁ最近は……」といったことをよく聞くわけです。ただ，それは聞き方の問題であって，若者の出世志向が低下しているという説もありますが，やはり会社の中で昇進したいと思う人は多いのではないでしょうか。組織に身をおく人にとって，やはり昇進，昇格という，広い意味での立身出世は非常に大きな関心事だと思います。

立身出世志向の表し方にはいろいろなカルチャーがあって，その表現方法は，洋の東西で大分異なると思います。アメリカのテレビドラマなどを見ると，「私はもうこの組織に〇年いて，会社に応分の貢献をしているから昇進させてください」と上司に交渉する，そんなシーンが頻繁に出てきます。これに対して日本の企業で，「自分を昇進させろ」と言ったら，昇進させてもらえないばかりか，逆に人事評価がマイナスになるでしょう。自分の心に思っていることをストレートに表現する文化は，少なくとも日本の企業にはないでしょう。ただ，これは文化とそれぞれの表現方法の違いであって，

立身出世志向が弱いとか強いという問題ではありません。

　また日本とアメリカでは，ヒエラルキー（階層）を表現する文化の違いもあると思います。例えば，日本の企業では，上司に対しては，部下は「課長」とか「部長」と呼びかけると思います。アメリカの組織では「トム」とか「ボブ」のようにファースト・ネームで呼びかけているようです。だから，アメリカの組織はフランクで，日本の組織は非常に階層的だと誤解している人がいます。しかしそれはまったく間違いで，これはヒエラルキーを表現する「芸風」が異なるだけだと思います。

　少し脱線しましたけれども，先程の立身出世志向の話をもう少し具体的にお話しします。**組織の中の昇進は，役職昇進と資格昇格があります。第3時限目で役職と資格という二つの人事体系があるというお話はしましたが，昇進も二つに分かれているのです**（図3参照）。

　まず，資格昇格とは，職能資格上で上位の資格に異動することです。職能資格制度を前提にすると，賃金と資格は連動することになります。資格が二つしかなければ1回しか昇格のチャンスはありませんが，五つに切り分けられていたら4回昇格のチャンスがあります。また上位の資格に格付けられると，満足感が得られるばかりでなく，給料も上がります。

　次に，資格昇格した人の中から誰が上位役職に任用されるかが決まってきます。役職に任用されると，それは責任と表裏一体ですが，権限を持つことができます。それから，会社の中でポストに応じていろいろな情報が入ります。

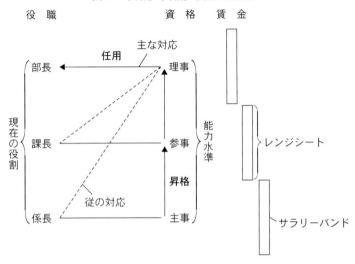

図3　役職，資格，賃金の関係

資料出所：佐藤・藤村・八代（充）(2011), P.69.

　最後に，資格と役職が分離しているのは，資格がステイタスを表し，役職は純粋に組織内の機能を表すものだからです。ただし，日本の場合は，役職昇進がステイタスの性質を合わせもつ場合が多いかもしれません。というのは，日本の組織では，「実質的な」権限を有するのは下のほうの人たちなので，役職上昇進することは，権限はあるし，情報にも多く触れることになりますが，実質的な仕事の企画・運営からは離れて，役職昇進自体がステイタス化してしまうのです。このことが，下の人が実質的に意思決定したことを上が承認していくという，意思決定の所在が権限や責任と乖離するという日本の組織の特徴を形づくるのです。

役職昇進の意味

　　昇進することは，個人にとって，賃金が上がると
か，権限が増えるとか，情報に触れられるとか，ス
テータスを得られるという良いことがあるのはわかりました。
それでは，企業にとっては，ポストを埋めていく以外に，どん
な良いことがあるのですか。

A　　役職昇進を念頭においてお話ししますと，三つの側面
が重要であると思います。

OJT

一つは，OJTつまり昇進することが訓練機会でもあることです
（小池和男『仕事の経済学（第3版）』東洋経済新報社，2005年）。技能形
成は，仕事に就きながらの訓練（OJT）と仕事を離れた訓練(Off−
JT）の二つあるわけですが，昇進は前者のOJTの重要な手段です。
つまり，仕事に就くことによって，その仕事を実際に経験すること
が次の関連する仕事の訓練になるような場合に，OJTが最も効率
的になるというのが小池理論です。ですからある仕事につくことは，
次の仕事，すなわち，準備されている仕事のための訓練過程になる
わけです。また，その仕事につくことによって，試行錯誤をするこ
とも重要です。

ＯＪＳ

　それから二つ目は，ＯＪＴはすべからくＯＪＳ，つまり，**オン・ザ・ジョブ・トレーニングは，オン・ザ・ジョブ・スクリーニングでもあります。**ＯＪＴが訓練であるとすれば，それはチャレンジングな仕事につくという意味での訓練であるわけですが，チャレンジングな仕事は，当然簡単な仕事ではないので，成功する人もいるし，逆に失敗する人もいるわけです。失敗した人は，そこで終わりではないにせよ，失敗したという履歴が残ります。逆に成功すれば，その次の仕事が待っています。ですから，ＯＪＴは，ある仕事が関連する次の仕事の訓練になる場合に効率的なのですが，関連する仕事にスゴロクのように進めるかどうかは，今の仕事で成功するかどうかにかかっていて，失敗した人を次のステップに進ませるほど企業は寛容ではありません。

　要するに，ＯＪＴを行う際に，その仕事で成功したかどうかを企業は見ており，つまりその結果を見て，次の仕事はどういう仕事を与えるかの判断材料にしているのです。それがスクリーニングということで，**最初にお話したＯＪＴによる「育成」が昇進の第１の側面だとすれば，このＯＪＳによる「選抜」がその第２の側面だと言えるでしょう。**

トーナメントと動機づけ

　今述べたことは，次の様に表現することも可能です。通常の組織では，係長，課長，部長と昇進していきます。課長を飛ばして係長

から部長に昇進する人は，例外もあるかもしれませんが，普通はありません。つまり，課長になることは部長になるための候補者となる切符を手にした，部長になることは役員になるための候補者となる切符を手にしたことになります。そういう意味では，**昇進はトーナメントであり，課長になることは部長になるためにコマを一歩進めたことになるのです。**

　この点を喝破したのは，ローゼンバウムという社会学者です。昇進選抜には，最後まで勝者がわからないというやり方もあるし，最初から勝者を決めてしまうやり方もあります。最後まで勝者が決まらないのは，動機づけという面ではいいのですが，幹部候補生を早くから育成していく点ではマイナスです。他方で，最初からエリート選抜のようなことをしてしまうと，育成には効率的ですが，選抜にもれた人のやる気をそいでしまうでしょう。前者を「競争移動」，後者を「庇護移動」と言うのですが，ローゼンバウムの理論によれば，トーナメントで昇進を決定することは，競争移動と庇護移動の長所を取り入れ，効率とモチベーション（動機づけ）の両方にかなう非常に優れた仕組みなのです。彼はこの点を，実際にある企業の個人のキャリアを見ながら，克明に立証しています。この動機づけというのが，役職昇進の三つ目の側面です。

　これまで述べた「効率」と「モチベーション」は，あらゆる組織に存在する永遠の二律背反です。動機づけの側面が強くなりすぎると，組織にぶら下がる人が増えてきます。他方効率の側面が強くなりすぎると，組織がギスギスします。この兼ね合いをどうするのかが難しいですが，効率と動機づけの二律背反は，昇進管理に最もシ

ンボリックに現れている部分であると思います。

昇進競争の三つのステージ

Q トーナメント異動のお話がありましたが，日本では，みな課長まではいけるとか，あとは，誰が早く課長になるかの競争だとか言われます。結局，日本企業の昇進はどのような実態なのでしょうか。

A まず，役職昇進と資格昇格について，それが何で決まるのかを説明しましょう。昇格と昇進とを分けますと，資格昇格は主に人事考課の結果で決められます。人事考課の結果は，社内で人事部門が関与しながら相対的な順位づけがなされています。それからそれぞれの資格に滞留年数があります。ここから，昇格昇進については人事部門の関与の度合が強いと言えるでしょう。

これに対して役職昇進の場合には，個別部門の事情が重要です。人事部門は関与しますが，部門からの推薦を尊重し，それを人事部門がもっているインフォーマルな情報などと突き合わせることによって決定がなされています。個別の人事に関して人事部門の主導が強過ぎると，その結果売上減少などが生じた際に責任を取れないからです。

今お話ししたのは「**何が昇進を決めるか**」ということでしたが，今一つ重要なのは「**いつ昇進が行われるか**」です。これも当然，企

業によってバリエーションがありますが，今までの研究成果から，いわゆる絵に描いたような日本的経営，すなわち新規学卒採用から定年まで勤め上げるという世界では，昇進競争はマラソンレースのかたちで行われることが明らかにされています。

　この点，第2時限目に紹介した岩田龍子教授の本によれば，タバコ1箱の価格程度の差が従業員を仕事に駆り立てていく姿が描かれています。それ以上の差をつけると，逆に競争を阻害してしまう。だから，ほんの少しの差をつけて，みながマラソンレースのように先頭から離れないようにさせる，少しでも遅れると，あとから来た人に追い抜かれてしまう，そういう状況をつくることが勤労インセンティブを最大化することを示しているのです。

　今田幸子・平田周一『ホワイトカラーの昇進構造』（日本労働研究機構，1995年）は，こうした世界を見事に描いています。**昇進競争の形態を，彼らは三つの類型に分類しています。一つは「一律年功」，もう一つは「昇進スピード競争」，そして三つ目が「トーナメント異動」です。**

一律年功（第1段階）

　一律年功は，一般的に**同一年次同一昇進**と言われるもので，新規学卒者として入った社員が同期の中で一定期間差がつかないで昇進・昇格することです。なぜ一定期間差をつけないことが必要かというと，新規学卒社員の能力の底上げであるとか，動機づけであるとか，あるいは情報の非対称性，すなわち個々人のことを十分にわからずに差をつけるよりは，最初の何年間かはいろいろな上司が評

価をして，その結果に基づいて差をつけた方が良いからです。

　ただ，最後の点については若干疑念が存在します。というのは，企業では最初に配属された職場の上司の評価を，次の人事異動の際に次の新しい上司に引き継ぐことが一般的です。従って，最初の上司は高く評価をしているのに，次の上司が×をつけられるかというと，それはなかなか勇気がいります。もし次の次の上司が再び〇という評価をしたら，この部下には〇×〇という評価が残ります。ここで一人だけ×をつけた上司は，今度は自分自身の評価に×をつけられるのではないかと考えてしまうのです。

　ここから明らかなように，評価というのは，評価者が増えれば相場ができやすいかというと必ずしもそうではありません。最初の人の意見が強く反映されてしまう，こういう欠点もあるのです。

昇進スピード競争（第2段階）

　次は**昇進スピード競争**で，これは普通，**第1選抜**と言われていて，日本の企業ですと入社して6〜7年目，30歳ぐらいのところで行われます。ここで同一年次の従業員は，上位の役職や資格に昇進・昇格できる人と，できない人に分化します。

　ただし最初に選抜されて昇進した人は，どんどん役職が上がり，昇進できなかった人はそのままの場所に留り，その差がどんどん広がるかというと必ずしもそう単純ではありません。今田・平田(1995)によれば，最初に昇進した人が，ちょうど**「踊り場」**のような所で，あたかも自分たちが昇進したときに昇進できなかった人が遅れて昇進してくるのを「待ちうけている」状態が観察されました。

そういう状態が課長昇進時まで続くのです。つまり，第 1 選抜から課長昇進・昇格時までの競争は，昇進できるかできないかではなく，昇進する時期が早いか遅いかの競争であると考えられます。

トーナメント競争（第 3 段階）

他方，課長以降になってくると，昇進選抜は完全に**トーナメント異動**化されています。役職昇進できない人は，そのままの状態になります。できる人は部長になり，役員になり，サバイバル競争の様相を呈します。

現象面から見ると，昇進競争は以上の三つに類型化されるわけですが，これらの全てがトーナメント異動に包含されるという説明も可能だと思います。つまり，課長昇進時までをトーナメントの 1 回戦と考えると，そこでは入れ替え（敗者復活）が可能です。しかしながら，課長昇進よりあとはふるい落としになる，すなわち，トーナメントの 1 回戦を非常に長くして，個人の適性や能力を見極め，そこから先は短期決戦で選抜されていくのです。

このような日本の昇進競争の形態を，今田・平田 (1995) は**重層型キャリア構造**と命名しました。こうした仕組みの長所は，気を抜くとあとから来た人に抜かれてしまうので気を抜く隙がないという点にあります。常に前が見えているので，自分がもう先頭集団から遅れてしまったと思うと，またすぐに先頭集団が見えてくるので，一生懸命頑張るようになるし，仮に先頭集団が見えなくなった人も，今度は後ろから抜かれたくないと思うことが仕事をするインセンティブになるのです。

小池和男・猪木武徳編『ホワイトカラーの人材形成』(東洋経済新報社，2002年) は，日，米，独のホワイトカラーの新規学卒者として会社に入った大卒社員の昇進について調査をしています。その結果，日本の企業では入社して8年目ぐらいで，最初の選抜が行われます。また，同一年次の中で上位の役職に昇進する余地がなくなった者が，半分以上になる時期を**「横ばい群」**と命名し，日本の企業でこの「横ばい群」が出現してくる時期は，入社22〜23年目であることが分かりました。つまり，だいたい45歳ぐらいまでは，同期の半分以上の人が上位の役職に昇進する可能性が残されていることがわかりました。日本は他国に比べて，キャリアの後半までみながやる気になるように昇進選抜がデザインされているのです。

　しかし，みながやる気になるような仕組みを作るためには，コストと時間がかかることは否めない。やはり選抜に非常に時間がかかるので，有能かつやる気のある人がこの仕組みに乗るのを潔しとせずに，外資系の企業に転職してしまう，そういう危険性を孕んでいると思います。

幹部候補生は早期に選抜すべきか？

Q お話をうかがっていると，日本企業ではいかに長くやる気を持たせるかが重視されているとのことですが，一方で，早めに幹部候補生を選んでおいたほうが，集中的に教育ができるわけですし，幹部候補生にふさわしいキャリアを歩ませることができるという効率性もあると思います。幹部候補生の早期選抜は，日本企業ではあまり重視されていないようですが。

A 日本の企業が新卒採用を前提に年次管理を行い，それが重層型キャリアで行われているのはそのとおりですが，それと幹部候補生の必要性があるかないかは別の話です。やはり日本企業も**幹部候補生**を必要とし，将来のリーダーを早めに育成したい，その人たちを育成するために一定の人に集中的に資源を投入したい，という考え方は当然あるでしょう。

しかし，これを明示的に行うと，重層型キャリアとは別に，リーダー育成用のキャリアを用意しなければいけないことになります。多くの企業は，いま少し「隠微」な形でこうしたエリートの選抜をしています。

例えば，都市銀行だったら，初任配属を山手線の内側にするか外側にするのかです。また初任配属は山手線の外側でも，２回目に地方から都心に持って来るという異動を組むとか，あるいは１カ店目

で非常に法人の強いところとか，あるいは個人企業の強いところに配属するとか，そういうかたちで違いをつけていきます。それから，2カ店ぐらい回って本社の人事部の企画に配属し，その過程でいい上司に巡り合わせていく。表向きの処遇に明示的に差はつけないけれども，仕事でさりげなく差をつける。仕事や特に上司で差をつけると，それは人事考課に反映するから昇給につながる。さらに昇格につながり，最終的に昇進に差がつくというわけです。このように，目に見えて差はつかないけれども，会社は「ピュア・エリート（幹部候補生）」を非常に隠微に選抜しているのです。

　確かに，それは仕事で差がついていて，ある意味「仕事選抜」なわけですが，明示的に昇格とか昇進ということで差がつくわけではありません。それに本人に「会社はあなたをエリートと考えている」というわけでもありません。

　しかし，長期雇用，年功賃金が機能していた時代はいざしらず，最近では外資系企業との競争があるので，あるいは，そういうエリートが自分の勤めている企業の先行きに不安を感じないように，本人にきちんとしたかたちで位置づけを明示しないと転職されてしまいかねません。

　とは言え，本人に伝えれば伝えたで，それにも当然リスクが生じます。何が問題かというと，その結果もなんとなく周りにも知られて，最後は社外に知られてしまう危険性があります。その結果，外部の**ヘッドハンター**に，自社の有能な人材を「さらわれる」温床となる。これが一つです。

　また，あくまで「幹部候補生」ですから，その人が早い時点で将

来幹部になることが確定しているわけではなく，あくまでも「候補群」をストックするだけです。それを本人に明示的に伝えて，その人が候補群からあるとき離脱することになると，逆にやる気をなくしてしまうでしょう。しかし，日本ではメンバーシップ型を前提にした長期雇用であるため，こうした人達も会社に留まり続けるのです。

　他方，欧米企業，外資系企業は，ジョブ型であるため直近上位のポストに空席がなければ転職するのが合理的です。これを**アップ・オア・アウト**と言います。

　こうしたさまざまな問題はありますが，結局のところ，人事管理の目的はいい人材を保持し続けることにあり，いい人材に辞められてしまうと元も子もないわけです。ですので，人材が企業間で競争の対象になる局面においては，幹部候補生であることを明示するとか，本人に，あるいはその上司に，きちんとそれを伝える企業が増えているのは時代の流れでしょう。特に外資系企業との競争が激しいエレクトロニクス産業などでは，熱心なようです。

　そういう意味では，人事管理は，企業内労働市場もさることながら，外部労働市場や他企業との競争といった社外の要因によっても強く規定されていることがおわかりいただけると思います。

○「企業が配置転換を行うのは専門性の放棄である」という命
　題に，どのように反論できますか。

○企業がマラソンレースのように，昇進選抜を長い時間をかけ
　て行う理由は，どこにあるのでしょう。

○あなた自身は会社の中でどのくらいまで偉くなりたいと思い
　ますか。また，それはどうしてそう思いますか。

慶應義塾大学
商学部教授
八代　充史

ふれい考

転勤は果たして「悪」か?

日本企業の人事慣行を考える際に欠くことのできないのが「転勤」だが、最近の新聞報道によれば女性社員のうち半数以上が転勤を望まないという。結論は「転勤は見直すべきだ」ということだが、はてさて本当にそうだろうか。

確かに「転勤を減らせ」と企業にいうのは、正論である。コストもかかるし、単身赴任によって従業員の生活の基盤が動揺すれば、アウトプットにも影響するだろう。しかし、調査対象は「転勤の可能性のある女性」とのこと。要は、自分が転勤の対象であることを十二分に認識しているわけだ。一体、なぜ転勤のある企業(コース)を選択したのだろう。

そもそも、なぜ転勤が行われるのか。「転勤が技能形成を促進する」という考えもあるが、これは結論。何よりも、長期雇用を旨とする日本企業では、企業内の人事異動とそれに伴う人権の人事部への集中が不可欠なのである。従って、転勤を拒否することはご法度。場合によっては懲戒にもなりかねない。その代わり、「転勤のないコース」を選択すれば、転勤には及ばない。もちろん「昇進の天井」という代償を払わなければならないが。

加えて日本企業は、労働条件は企業と労働者の直接交渉ではなく、「総合職」、「一般職」といった「ハコ」で決められる。その結果、社員はすべて平等である。というか、「その扱わなければならない」。以前、事情通から聞いた話では、「女性総合職が社内に複数いたとして、Aさんを転勤させBさんは転勤させないという選択は、人事部的にはあり得ない。自分が人事部長であれば、全員を転勤させる」。恐らくそうしなければ、男性総合職、そして女性一般職の納得感が得られないからだろう。

とはいえ、こうした結果が出た以上企業も転勤について考えていただきたい。企業に配転が必要だとしても、「配転の必要性=転勤の必要性」とは限らない。不要な転勤を減らせば、コストを削減でき、同業他社よりも有利なポジションを手にできるのではないだろうか。

(資料出所:「労働新聞」第3100号　平成29年2月13日)

第7時限目

ヒト基準と仕事基準
——賃金制度の二つの原理

「世間」なくしてヒト来ない？
——賃金決定と世間相場

Q 今回は賃金制度のお話ということですが，賃金がどのように決まるかという以前に，給料をもらうほうとしては，月いくらもらえるのかとか，ボーナスがいくら出るのかとか，例えば同じような仕事をしている人と比べて多いとか少ないとかが気になるわけです。決まり方も大事だと思いますが，そもそも，賃金絶対額というか，いくらもらうかのほうが重要な気がします。この点についてはいかがですか。

A 「衣食足りて礼節を知る」と言いますが，賃金は，会社が従業員を雇用し，仕事をしてもらう見返りとして従業員に与える報酬です。企業が人を雇うことに伴い発生する費用を

図4　労働費用の構成

```
                                  ┌── 基本給
                     ┌── 所定内給与 ┤
                     │             └── 諸手当
           ┌── 現金給与┤── 所定外給与
労働費用 ──┤           └── 賞　与
           └── 福利厚生
```

労働費用と言います（図4参照）。主な構成は，月々支払う**基本給**，これは賃金の最も基本的な部分で，正社員全員に支給されます。それに諸手当を加えたのが**所定内給与**，それから残業に対するものが**所定外給与**。所定内と所定外の給与に賞与を加えたものが**現金給与**総額です。その他に**福利厚生**があります。

　以下，賃金のさまざまな側面について見ていきましょう。

コストとしての側面

　まず会社からみれば，賃金はコストですから，コストが少ないほど利益の増大につながるわけで，賃金コストの抑制は会社にとっての大命題，永遠の課題です。正確に言えば，（売上）−（コスト）＝（利益）で，その利益を最終的に経営と労働とでどの様に配分するかという問題です。

　ただ，コストを必要以上に減らすことは，従業員のやる気も下げることになるので，会社にとってマイナスとなり，元も子もありません。この辺りが難しいところです。

生活保障としての側面

　次は，**生活保障**という側面です。従業員にも家庭がありますから，家庭のライフサイクルの中で一番お金のかかる時期に，それに合わせて給料もたくさんもらえれば，個人としては一番都合がいい。ただし，これは会社の利潤の増大とかコストの最小化の論理とは全く別の話です。ライフサイクルに合わせて賃金を払うのは，会社の中の合理的な従業員の活用とは直接関係のないことなので，こうしたロジックを企業がどこまで受け入れるかは時代状況次第です。

　日本的経営の代表選手である年功賃金の一つの側面は，生活保障です。最近，「ファミリーフレンドリー」は人事管理の重要課題ですが，家族にやさしいこの生活保障賃金こそが，**元祖ファミリーフレンドリー**と言えるでしょう。

世間相場との関係

　それから，**3番目は非常に大きな部分で，世間相場です。**コスト最小化の観点からすれば，「ない袖は振れない」ことになります。しかし，それでいい人が採れるのか，人が辞めないようにできるのかと言えば，やはり同業他社，世間相場に見合う賃金を支払うことが必要になります。

　世間相場に関しては，春闘によって決まる初任給相場が長らく重要でした。中途採用が一般的でないから，世間相場を見やすい新規学卒者が会社に雇われる際の初任給が重要でした。

　最近は，日本の企業から外資系企業，あるいは，外資系企業間で

転職が行われ，コンサルティング会社が行う**ウェイジ・サーベイ**が重要になっています。ウェイジ・サーベイとは，自社の個別賃金の情報をコンサルティング会社に提供し，その代わりに他社の情報を教えてもらう，こうした相互に情報を共有し提供し合う仕組みです。要するに，自分の会社が人をとったりとられたりする中で，コンペティター(競合他社)はどこの企業か当然わかるので，コンペティターの賃金を丸めた数字を提供してもらうのです。これを**クラブサーベイ**と言い，コンサルティング会社のウェイジ・サーベイのクラブに参加することによってその情報を得られるのです。

　もう一つは**公刊データ**です。それはコンサルティング会社が公刊資料として公刊されているデータです。しかし，どうしても売っているデータは，クラブサーベイに比べて精度が落ちます。やはり個別企業のデータを収集してもらい，それと引き換えに自社の賃金のデータを提供する仕組みに入るほうが精度の高いデータが得られるようです。

なぜ独自の賃金制度を持っているのか？

Q　今のお話では，世間相場を見ながら，企業の都合と労働者側の要求で賃金が決まっていくように思えたのですが，賃金制度は各社で少しずつ違うものだと思います。相場を見ながら毎回交渉していないとすれば，どうやって，企業は独自の賃金を支払う仕組みをつくっているのでしょうか。

A　賃金制度とは，会社全体の人件費を個々の従業員に配分する仕組みです。こうした賃金制度を具現しているのが，賃金表（賃金テーブル）です。

　賃金制度は，個別企業の事情を色濃く反映しています。その会社の年齢構成であるとか，どこに団塊があるかだとか，従業員の構成によって当然，賃金テーブルは書き換えることが必要です。

　年功賃金という概念は，個別企業の賃金管理の背景にある考え方を一般化したものですが，現実の賃金の支払い方は，非常に企業個別的なもので，その企業独自の歴史とか事情の延長線上にあるのです。

同一労働・同一賃金と企業内労働市場

　賃金制度を考えるうえで，一つに同一労働・同一賃金という考え方があります。ＩＬＯ（国際労働機関）の第100号条約も同一労働・同一賃金をうたっており，ワールドワイドでは同一労働・同一賃金

が規範です。

　私も，この点に異存はありませんが，企業内労働市場化が進むと，一見同じ仕事に見えるものでも，企業が異なれば実際には違う仕事をしているケースが出てきます。例えば，人事部長の仕事が全て同一労働・同一賃金かというと，呼称は「人事部長」という名前で共通であっても，人事部長の職責は企業によって違うので，なかなか同一労働・同一賃金にはなりません。

　なお，日本版「同一労働・同一賃金」と言われているものは，同一企業内における正社員と非正社員の間の不合理な待遇差の解消を目指した法整備であり，2020年に関連する法律（パートタイム・有期雇用労働法，労働者派遣法）が改正されています。

能力に応じて賃金に差をつける

　もう一つは，能力に応じて賃金に差をつけることです。同一労働，同一賃金は賃金の大原則ですが，他方では同じ仕事をしていれば同じ賃金でいいのかということも問題です。同じ仕事をしていても，すごくできる人もいれば，全然できない人もいるわけで，その人たちに同じ仕事をしているからということで同じ金額しか払わなければ，できる人はやる気がなくなるでしょうし，できない人はますます会社にぶら下がってしまいます。

　従って，能力に応じて賃金に差をつけることが必要になります。同じ仕事をしている人，あるいは同じ職能資格に配属されている人たちに対して一律に同じ賃金を支払うのがシングルレート，人事考課の結果を加味して差をつけるのがレンジレートです。企業が採用

している賃金制度にレンジレートが多いのは，能力に応じた賃金格差という考え方を反映しているのです。

時間給が一般的

賃金制度についてもう少し説明したいと思います。**賃金形態**という概念があって，これは**出来高給**か**時間給**かという形態の違いです。今はチームワークの時代なので，出来高が明確にわかるような仕事を除けば，出来高給はあまり一般的ではありません。結局，時間を代理指標にして賃金を支払う方が一般的です。一番短いものは**時給**，それから**日給**，それから**週給**というのがオーストラリアなどにあります。そして**月給**，最後に 1 年単位で支払うのは「年給」とは言わないで，なぜか**年俸**と呼ばれています。

どの支払い単位を基本にするかは，仕事の内容で決まります。例えば，1 時間見ればその人の仕事ぶりがわかる場合には労働時間と時給を掛け算すればよい。1 年間見ないとわからないような山あり谷ありの非常に複雑な仕事の場合，年俸制が導入されるのです。

賃 金 体 系

賃金体系とは，従業員の基本給がどのような要素で構成されているかを示したものです。日本では，個人の能力や働きぶりとは全く関係のない個人の属性，すなわち，年齢や勤続年数をベースに**年齢給**や**勤続給**が算定されています。この年齢給とか勤続給の存在によって，日本は年功賃金だと理解されているのではないでしょうか。

職能給と職務給

　第2時限目でお話ししたように，年功賃金では基本給の多くの部分が年齢や勤続によって決められるのですが，全てが年齢や勤続で決められるのではなく，人事考課の結果がそこに反映されているのです。

　年功賃金の賃金体系の中で，何が能力を反映しているかというと，それは**職能給**です。**職能**というのは，**職務遂行能力**を省略したものです。この職能給が先程お話したように，人事考課の結果を反映するようなレンジレートになっています。

　それからもう一つ，**職務給**というものがあります。これは従業員が配属されている職務に対して支払われる賃金です。

　ただし，同じ仕事であれば同じ賃金とは言っても，企業内労働市場化が進むと，同じ仕事をしていても，できる人とできない人の差が生じます。すると賃金の差をつける必要性が出てくるので，職務給もレンジレートになります。**すなわち，個人の能力の差を反映する職能給と，職務給にレンジのついたものというのは，あまり大きな差はないのかもしれません。**

　しかし，企業の人事担当者にすれば，職能給と職務給はやはり別物の様です。その違いは，職務給は適材適所を理由に降格（降級）を行うことが少なくとも制度上は可能であるのに対して，職能給は，企業が「能力が下がった」ことの検証責任を負うことになるため，降格が極めて困難である点にあるようです。

属人給と仕事給

　ここで，**仕事給**と**属人給**という二つの軸について確認したいと思います。まず，仕事給の方からお話しします。今でも日本企業の人事担当者や人事管理の識者の多くは，仕事給は人事管理の理想郷だと考えています。多分に机上の論理ですが，仕事給が合理性を有するのは間違いないことです。仕事に対して人を雇うわけですから，無駄に人を雇わない。仕事に対して賃金を払うのですから，無駄に賃金を払わないとも言えるのです。それから，同じ仕事をしていれば同じ賃金なわけですから，同一労働・同一賃金という原則にもかなうものです。そういう意味では，仕事給の典型である職務給を理想の合理的な賃金体系だとする考え方は，それなりに合理的であると言えるでしょう。

歴史は繰り返す？
──決戦，属人給 vs. 仕事給

Q　先程，「仕事給」の合理性は机上の論理と言われましたが，なぜ「机上の論理」なのでしょうか？

A　企業内労働市場化が進み，企業が人に付加価値をつける時代になると，従業員は特定企業に定着するようになる。人が企業に定着すると上位の資格に昇格する人が増え，上位の

役職に昇進する候補者が増大します。しかし，ポストの数は限られている。そういうときに，企業は従業員を属人的な要素で処遇することが必要になります。

　たとえ仕事給の世界でも，ポスト不足は起こるわけで，その場合には，「仕事の価値が向上した」ということにして，人ごとアップグレードさせる（仕事のランクを上げる）ということすら行われています。これはまさに，仕事給が属人化することの証左と言えるでしょう。

　そういう意味では，企業内労働市場化が進展した企業では，純粋な職務給では非常に使い勝手が悪くなり，どうしても属人的な要素が必要になります。導入された瞬間は職務給なのですが，その後はだんだん属人化するのです。

　では，属人給のほうがいいかというと，属人給は確かに長期雇用，年功賃金にはフィットしますが，他方では賃金アップに歯止めがかからないという問題が起こります。年齢や勤続が上がれば職務遂行能力も上がるという想定で運用されていくと，天井知らずに賃金が上がりかねません。そのうち景気が悪くなると，やはり賃金アップに歯止めがかからないのはまずいので，賃金を抑制しなければいけないということになる。この解決策が，例えば「職務給」であったり，「役割給」であったりします。「仕事給」という方向にまた振り子が振れることになります。

　ただ，ひとたび「仕事給」の方に振り子が振れても，企業内労働市場が完全に解体しなければ，属人的な処遇の必要性から，「仕事給」が属人化するという振り子の動きが繰り返されていくのです。

Q そうすると，属人給と仕事給はどちらがいいという類いの問題というよりは，片方の弱点が現れたときにもう片方に振れていくということでしょうか。

A そのとおりです。仕事給の弱点は，やはり企業内労働市場における人事異動や処遇に対応しにくいことです。逆に，職能給をはじめとする属人給の問題は，賃金の固定化です。企業内労働市場が完全に解体されなければ，これからもそういう振り子の動きは続くでしょうが，振り子が振れるたびに属人的な要素が削ぎ落とされるようにも思えます。最初は年齢給，勤続給，といった文字通りの年功賃金が主流だったのが，高度成長期以降「職能給」が主流になりました。次にバブル経済崩壊以降「失われた10年」の中で定期昇給とかベース・アップが削ぎ落とされていきました。それ以前は，毎年賃金テーブルの中で給料が上がったり（定期昇給，いわゆる「定昇」），賃金テーブルそのものが団体交渉によって書き換えられたりで（ベース・アップ，いわゆる「ベア」）賃上げが行われていたのが，毎年定期的に昇給していくとか，毎年必ず賃金テーブルを書き替える企業は少なくなりました。その結果，定昇しかないとか，ベアしかないという企業が多くなりました。

　このように，最初は年齢給，勤続給が削ぎ落とされて，次は定昇とベアというかたちで，振り子が振れるたびに仕事給の方が優勢になりつつありますが，やはりこの流れは企業のコスト削減という大命題から来ているのではないでしょうか。

賃金交渉は美人局（つつもたせ）？
——外資系企業の賃金決定

Q 今までのお話は，企業内に人がとどまるという前提のもとでどのような賃金制度を構築していくかというお話だったと思います。でも，人の出入りが激しい会社はそんな悠長なことを言っていられない。どういう決め方かというより，やはりいくら賃金を払うかで人を確保するのが大事に思えますが，そういうケースは少ないのでしょうか。

A それはあると思います。特に，金融，エレクトロニクス，ＩＴといった業界では，日本企業と外資系企業，さらに外資系企業同士と競争が非常に激しくなっています。アメリカでは，大学の教員が給料を上げてほしいと思うと，「他の大学から招聘があったので，実は辞めさせてもらいたい」と言うそうです。すると「まあまあ」みたいな感じになり，それで給料を上げてもらう。そういう世界がありますけれども，外資系企業でも同じことがあるようです。

確かに辞めると言っても，自分に**市場価値**がなければ，会社も「そう，じゃさよなら」で終わってしまいますが，会社がある程度その人に価値があると認めている場合には，「ちょっと待ってくれ」ということになります。そこで，会社に留めるために特別のお金を支給する。これが，**リテンション・ボーナス**です。逆に，他社から

人を引き抜く場合に，**ギャランティー・ボーナス**というものがあります。本来は，給料，ボーナスというものは，その人が会社でどれぐらい実績を示したかで払うはずですが，最初からいくらという金額を約束してしまうのがギャランティー・ボーナスです。

　第2時限目でお話した「年功賃金はヒトのマイレージ論」を前提にすると，短期的に非常に高い賃金を提示されても，過去から積み上げたものを考えると，そう簡単に転職には応じられません。これに対して，アメリカの企業では，過去から積み上げてきたものまでも大金を出して一緒に買い取る場合すらあります。日本はそこまではいきませんが，企業がお互いに人を引き抜くことで人材を獲得することが常態化している社会においては，いかに他社からは人を引き抜き，自社からは人を引き抜かれないようにするかを常に考えないといけないのです。

　ただ，いくら他社から人を引き抜くとは言っても，あまりに高い賃金を提示すると，今度は**内部公平性**，つまり社内の他の従業員とのバランスが失われてしまいます。やはり会社は組織なので，「あの人はまだ勤続1年なのになぜ給料が全然違うのか」ということになり，外資系企業といえども公平性が失われ，他の従業員の不満が大きくなります。やはり一定の**ガイドライン**を作成したうえで，現場の管理職の裁量で給料を上げられる部分を強めていくことが必要になるでしょう。

　実際に，人の引き抜き合いが常態化している会社が存在することは事実です。このような会社では，人事部門が会社全体のマネジメントをするよりは，職場の管理職が誰を採用するか，そしてその人

にいくら支払うかという権限を一定のガイドラインの中で決定するようになっています。中途採用の常態化は，人事機能の分権化をもたらすと言えるでしょう。

第7時限目

○「職能給は年功賃金の温床だから，全廃するべきだ」という主張を，肯定しますか。否定しますか。

○完全な「同一労働・同一賃金」は可能だと思いますか。また，どうしてそう思いますか。部分的に可能だとしたら，どの程度まで可能だと思いますか。

第8時限目

時 間 と 空 間
──労働時間と仕事の裁量性

なぜ労働時間が長いのか？①
──労働時間はロイヤリティ

Q よく，日本の労働時間は諸外国に比べて長いと言われています。日本はどうして長時間労働になっているのでしょうか。

A **労働時間**は賃金と並ぶ労働条件で，働く人にとっては労働時間が短いことは，それだけ仕事以外のことに時間を使えるという意味で望ましいことです。その上，賃金が変わらずに労働時間が短くなれば労働の時間単価が上昇し，賃上げと同じ効果を持つことになります。つまり賃上げと並んで労働時間の短縮は，労働組合が経営側に要求する重要な労働条件改善の項目なのです。

労働時間の内訳と統計上の注意点

　一般に企業が就業規則で決めている労働時間を**所定労働時間**，そこから休暇や欠勤を引いて実際に個人が所定労働時間の中で仕事をした労働時間のことを**所定内労働時間**と言います。それにいわゆる残業時間（休日出勤含む），統計の用語では**所定外労働時間**と言いますが，この二つを合わせたものが**総実労働時間**です。

　総実労働時間は，1980年代までは2,100時間を超えていましたが，平成21(2009)年には初めて1,800時間を切るまでに減少しました（図5参照）。それでもまだ，先進国の中でも日本の労働時間は長いわけですが，労働時間を比較する場合は，基礎となる各国の統計データの違いがあることを考慮する必要があります。労働時間が何時間

図5　年間総労働時間の推移 (事業所規模30人以上)

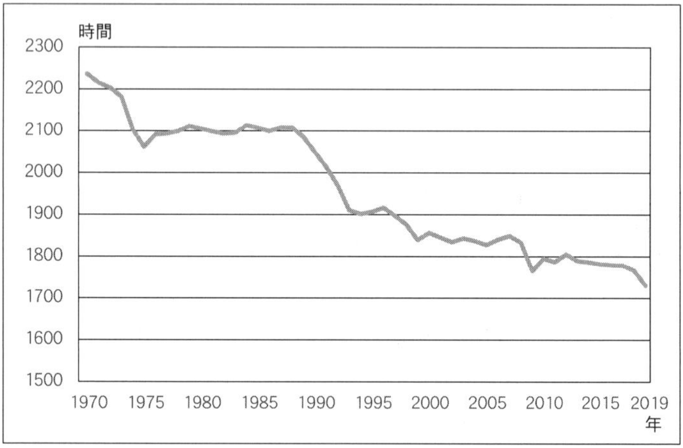

資料出所：厚生労働省「毎月勤労統計調査」

という場合に，この労働時間の統計の中に誰が含まれているのかを確認しなければなりません。一般には非正社員の方が，正社員より労働時間が短いので，非正社員が統計に含まれていれば，そして非正社員比率が高まれば当然それだけ労働時間は短くなるでしょう。

雇用調整と労働時間

さて，日本における労働時間が以上の点を考慮しても長い理由としては，一つには雇用調整という点が指摘されます。つまり，景気が後退して労働需要が減少したときに労働投入力を減少させる方法としては，**人員ターム**と**マンアワーターム**という二つのやり方があります。

「人員ターム」というのは，従業員数を減らすことで，出向・転籍とか，希望退職とか，あるいは新規採用を抑制するとか，最後は解雇というやり方もあります。もう一つ，「マンアワーターム」とは労働時間を調整することです。この場合の調整できる労働時間とは，残業時間になります。景気がよくなると人を雇わないで，まず残業時間を長くする。逆に，不況になった時は人を減らさないで，まず残業時間を短くする。人員整理を行うことには限界がある日本企業では，マンアワータームの調整に依存せざるを得ません。その結果，労働時間を使って雇用調整を行うので，労働時間が長くなるのです。

しかし，最近のように人減らしが進み，人が減っても仕事が減らなければ，残った人たちの負荷は大きくなります。その結果，逆に不況の際に残業時間が長くなることもあるでしょう。

労働時間の法規制

さて，残業時間に対して，会社は残業手当，所定外労働手当を払わなければなりません。**労働基準法第36条**は，労働組合を含めて労働者の過半数を超える団体と協定を結べば，週40時間を超える労働ができるとしています。もちろん，第36条にちなんだ「**三六協定**」と言われている協定を締結して残業が可能になっても，残業時間が無制限なわけではありません（臨時的な特別の事情がない限り月45時間，年360時間が上限）。**残業時間**に対しては，本来できないことをさせているペナルティーということで，所定内給与の時間単価の25％増し（月60時間を超える場合は50％）を支払わなければならないのです。

しかし，こうした残業時間にはさまざまな問題が存在します。一つは，「**サービス残業**」というかたちで，残業時間の中で残業手当が支払われない部分があることです。残業予算が限られているとか，あるいは本人が付き合い残業をしているという側面もあり，サービス残業が存在していることは事実です。

しかし，最近は**労働基準監督署**の強力な指導があるので，なかなか「組織的」なサービス残業は難しくなっています。

この点，以前2007年に**厚生労働省**が国会に提出しようとした**ホワイトカラー・エグゼンプション**は，一定階層・一定年収以上のホワイトカラーを，労働時間管理の対象から外すというものでした。ホワイトカラー労働は，あとでお話しする「９時５時労働」とは違うので，同じに管理するのはふさわしくないという趣旨で提出されました。しかし，これが実際には残業手当の切り捨て，残業手当を支

払わないことを合法化するための法案だという批判を浴び，結局廃案になってしまいました。

　ホワイトカラー労働においては，工場労働とは異なり，極端に言えば自宅でも可能なので，どこまでが労働時間かを把握するのが難しい。その結果，どこまで残業手当を支払う必要があるかがあいまいであるという問題があります。そういう問題を提起したということで，「ホワイトカラー・エグゼンプション」は意義がありましたが，結果としてその立法化はうまくいきませんでした。

　その後，「ホワイトカラー・エグゼンプション」は，形を変えて「高度プロフェッショナル制度（高プロ）」として2019年4月に立法化されました。高プロを導入するための条件は厳しいものになっています。まず，年収1,075万円以上かつ，経営コンサルタントや研究開発などの専門性の高い一部の業種に限定されており，さらに職場の労使委員会で多数の賛成を得たうえで，本人の同意もなければ導入できません。そのため，現実に高プロが適用されている人は多くないのです。

　もう一つの対応方法は，これはかなりの裏技ですが，「管理職にしてしまう」ことです。これが，第1時限目で述べた「名ばかり管理職」問題の背景です。管理職も労働者ですから労働基準法は適用されるわけですが，一般の労働者とは異なり労働基準法の労働時間管理が適用されなくなるからです。しかし，第1時限目でお話したように，2008年になって，大手ファーストフードチェーンの店長が会社を相手にした訴訟で勝訴しました。その結果，管理職が管理職としての要件を備えていない「名ばかり管理職」とされ，会社は残

業手当を支払わなければならなくなりました。例えば，管理職として
てふさわしい賃金が支払われていれば，残業手当を払わなくてもい
いのですが，Ａ社の場合，管理職として十分な賃金が支払われてい
ないと法廷で判断されました。こうしたいくつかの基準に照らした
結果，その店長の仕事は管理職とは認定されませんでした。

忠誠心を示すための残業

さて，なぜ労働時間が長いのかについて，もう少し労働者の側か
ら考えてみると，会社に対する**ロイヤリティ**（忠誠心）という側面が
存在します。

つまり雇用労働は請負とは違いますから，個人の役割は大まかに
は決められているものの，上司としては，その役割を超えて相互乗
り入れをしたり，短期的に生じた仕事を誰かに割り振り，その人が
対応することを当然期待しているわけです。それが正社員として雇
用している理由の一つだと思います。従って，上司からみれば，決
められた仕事だけしてさっさと帰ってしまう人よりは，ある程度フ
レキシブルに法定労働時間の枠を超えても自分のリクエストに対応
してくれる人の方が当然使い勝手も良くなり，評価も高くなります。

それから，企業内労働市場化していくと，評価は**アウトプット**だ
けではなくて，**インプット**も大事になります。結果を出した上でど
の程度頑張ったか，どういう手順で仕事をしたかが問われるように
なります。インプットが重視されるようになり，上司がそういう側
面を評価することがわかると，部下はロイヤリティを示すために残
業するようになり，これにつられて付き合い残業が生じるのです。

Q インプットが重視されるというのは，具体的には どういうことですか。

A 会社が一番求めるものは，やはり**成果**です。プロ野球 の選手でも，打率が上がったとか，打点をどれぐらいあ げたかがチームの勝利に貢献するわけで，どれだけ素振りをしたか とか，どれだけ朝早く来て頑張ったかということも大事ですが，最 後は結果です。会社も最後は結果が重要だと思います。しかし，そ の過程で能力が上がれば，能力の向上に対応して成果も上がるわけ で，個人が能力を向上させる努力をしたり，会社が能力を向上させ る機会を提供し，その結果として能力が向上することは，より高い 成果を生むために必要だと思います。新規学卒採用から従業員が長 期間会社に勤めて育成されていく中では，インプット，すなわち成 果を上げるために能力を向上させる**プロセス**が重要になるのです。

　なぜプロセスが大事かというと，結果だけで人を評価をすると， 結果をあげれば手段は問わないことになるし，人事異動などで前任 者が種をまいた仕事で最後に花を咲かせた人が得をして，その前の 種をまいて育てた人の努力は評価されなくなってしまう。これでは， **モラール（士気）**が低下して従業員のやる気が低下してしまいます。 やはり結果だけを評価していくと，職場の管理がうまく回らないと いう側面もあるのです。

なぜ労働時間が長いのか？②
——下から上への意思決定

Q 日本の組織の特性と労働時間との間には，何か関係があるのでしょうか。

A 日本的組織の特徴は，役所だと係長とか課長補佐，企業だと係長から課長手前ぐらいの人が実質的に意思決定をしていることです。

しかし，常に下の人が決定したとおりに上の人が承認するかというと，そうではなくて，上の人への根回しがうまく行われていない場合には，会議で「おれは聞いてない！」と言って，すべての決定をご破算にする上司も出てきます。そこでスムーズに意思決定を進めるためには事前に根回しをしたり，あるいは書類に不備がないか，果ては「てにをは」に間違いがないかまで何度も見直したりして，膨大な時間を費しているのです。中央官庁での会議や国会答弁の資料作りなどは，まさにその最たるものでしょう。これでは，労働時間はあってなきものです。

全ての意思決定が，常に成功するわけではありません。失敗したらその人に責任を取ってもらわなければいけないのが，本来の姿です。責任の取り方の究極の姿は辞めてもらうことですが，解雇が困難である日本の企業はこの選択肢を封印しています。そのために結局，責任をみなで共有するわけです。「起案をしたのは彼だけど，

みなハンコを押したよね」ということで，みなで責任をとるという
かたちがとられている。こうした意思決定の方式は，なかなか無く
ならないでしょう。

なぜ労働時間が長いのか？③
――亡国の思想「亭主元気で留守がいい」

Q 　最近は男性だけでなく，女性も会社人間が多いと
聞きますが，家庭と労働時間との関係についてお話
しいただけますか。

A 　男性でも女性でも同じことですが，会社にいる時間が
長くなるほど，家庭に基盤がなくなります。家庭に基盤
がなくなると，ますます家庭を顧みなくなります。その結果，さら
に家庭での居場所がなくなり，給料さえ運んでくれれば結構ですと
いう，亡国の思想「亭主元気で留守がいい」が蔓延するわけです。
　これは直接人事管理とは関係の無いことですが，イギリスの友人
にこの話をしたら，イギリスでは「亭主元気で留守がいい」はあり
えないと言っていました。家庭に対して何ら貢献をしない人は，出
ていってくれ，つまり即離婚の対象になるそうです。
　不思議なことに日本では，それでも何とか成り立つ家庭があり，
離婚という選択肢はないようです。「亭主元気で留守がいい」という
かたちで，事実上家庭は崩壊しているのに，形式的には存続してい

165

るのです。

残業手当をマイナスにすると残業は減るのか？

> **Q** 　先程の話に戻りますが，残業手当として割増賃金を支払っているとしたら，残業したいという人がたくさん出てくると思いますが。

A 　今から40年程前のことですが，ある労働経済学者が，「残業手当は割増しではなく，マイナスにしなければいけない」とのたまいました。プラスにするからみな残業をするので，マイナスにしたら誰も残業しなくなるというのが，その理由だったかと思います。

　この問題は，そもそも労働時間は企業が決めているのか，或いは個人が決めているのかという点に帰着します。個人が決めているのであれば，マイナスにしたほうが残業時間も減るかもしれません。しかし実際には，従業員は会社に雇われており，会社が労働時間を決めています。そうすると，やはり会社に残業させない仕組みとして割増率を高める方が，より効果的であると考えられます。確かに「サービス残業」になると意味が無いのですが，労働時間を短くするためには，やはり割増率を高くするのが理にかなうでしょう。

労働時間の新しい潮流？
──裁量労働制

Q 　先程，ホワイトカラー・エグゼンプションのお話がありましたが，それ以前に裁量労働制が導入されています。これは最近議論されたホワイトカラー・エグゼンプションとは何が違うのか，どういう内容なのかを教えて下さい。

A 　**仕事の裁量性**とは，上司の指示や会社から与えられた枠の中でしか行動できないのではなく，自分の判断で仕事ができることです。労働者が他律的に労働している姿を非常に皮肉に活写したのはチャップリンの「モダン・タイムス」ですが，9時5時の工場労働が一番裁量性のないものです。そういう働き方をベースにしているのが労働基準法ですから，「残業は悪だ」という発想になるわけです。

　これに対してホワイトカラーには，仕事の裁量性が存在します。裁量性には，時間的な裁量性と空間的な裁量性の二つがあります。ブルーカラーには裁量性がないと言いましたが，ブルーカラーにも裁量性があると考えるのが「ブルーカラーがホワイトカラー化」していると考える小池和男教授の理論であり，ブルーカラーにも**問題解決能力**が必要であることを強調しています。ただ，ホワイトカラーがブルーカラーと異なるのは空間的，時間的な裁量性が存在することです。

空間的な裁量性

まず，**空間的裁量性**というのは，仕事を会社以外のところででき
るということです。古くは「風呂敷残業」といって，会社の仕事を
風呂敷に包んで家に持ち帰って仕事をする慣行もありました。それ
から，最近は**テレワーク**とか**モバイルワーク**などＩＣＴのファシリ
ティーを使って，会社の外で仕事をすることも可能です。機密が漏
洩するとか，いろいろな問題はあっても，パスワードなどのセキュ
リティー問題をクリアすれば，どこからでも会社のサーバーを通し
て仕事ができるのです。

つまり，会社以外の仕事の基盤としては自宅，あるいは通勤途上，
外出先，そして**サテライトオフィス**という会社と自宅の中間的な空
間があり，そのような自宅を中心とする会社以外で，仕事ができる
のが，空間的な裁量性です。

時間的な裁量性

もう一つの**時間的裁量性**というのは，いつまでに仕事を仕上げる
か，つまり仕事の進捗に対してある程度の裁量があることです，も
ちろん，ブルーカラーに比べればという比較の問題ですが，自分で
仕事のデッドラインを決めてコントロールできるのが時間的な裁量
性です。

仕事が家まで追いかけてくる

　一般に，ＩＣＴ技術の進捗は仕事の裁量性を高めているように思われがちですが，この点については非常に疑問があります。どこでも仕事ができるというよりは，「どこでも仕事をさせられる」状況に置かれています。

　どこでも仕事が出来るようになると，オンとオフの区別がなくなります。第9時限目でお話しするワークライフバランスという点からは，ＩＣＴ化の進展は非常にマイナスだと思います。

　最近では，携帯端末やメールのために，仕事と休日の境目があいまいになりました。昔から，例えば営業職であればお付き合いで仕事と休みの境があいまいであり，アフターファイブでもノミュニケーションと称してお酒を飲みながら仕事の話をしていることも，確かにありました。

　ただ，以前は家の中にお客さんを引き込んで酒を飲むということがなければ，家に帰ればとりあえず仕事からは遮断されました（もちろん，企画的な仕事をしている人は家の中でも考えごとをしていたかもしれません）。でも，今は例えばメールがどんどん送られてきたり，携帯電話がところかまわず鳴り響き，どこにいても仕事から遮断されることがなくなりました。

　このように，ＩＣＴの進化によって仕事から完全に解放される時間が少なくなった，だから，個人は意図的に自らを仕事から「解放」することが必要であると言えるでしょう。

裁量労働制とみなし労働時間

　次に，裁量労働制について説明します。これは，労働時間を**実労働時間**（つまり実際に働いた労働時間）ではなく，**みなし労働時間**（何時間労働したとみなすこと）としてあらかじめ決めておく制度です。

　裁量労働制の背景にある考えは，従業員を働いた時間ではなくて成果で管理することです。先程のインプットかアウトプットで言えば，インプットで管理すると付き合い残業とかが出てくるけれども，アウトプットで管理をすれば仕事ができたら帰ってもいい，あるいは仕事を一定の期間までに仕上げることができれば会社に来なくても自宅でよいことになります。自宅で勤務しているけれども，締切りまでに仕事を仕上げてくれば，別に会社で上司の前でロイヤリティを示さなくてもよいという考え方が，そこにはあるのです。

裁量労働制の拡大

　このように，インプットではなくアウトプットで管理するのがふさわしい仕事に関してはアウトプットで管理する。ただし，裁量労働制自体は，アウトプットで管理することを規定している法律ではありません。アウトプットで仕事が管理できる人は，「みなし労働時間」というかたちで労働時間の管理を緩めてもよいことになり，もともとは研究開発等の専門業務に適用されていました。それが，2000年から事務系ホワイトカラー労働にも適用されるようになりました。

　仕事の裁量性が一番低いのは，ブルーカラー，次いで一般のホワ

イトカラーです。この人たちは労働基準法の労働時間管理の適用対象です。その外側にいるのが裁量労働制の人で，この人たちはある程度限定された仕事で，みなし労働時間というかたちで労働時間管理がなされます。このさらに外側にいるのが管理職で，労働時間管理が適用されません。このように裁量性が高くなるほど，労働時間管理の規制はゆるやかになるのです。

　ところで，裁量労働制が導入されると問題になるのが，**外部効果**です。つまり，職場で誰かがこの制度の対象者になると，ルーティンの仕事をやっている人たちも，裁量労働制の適用者の存在に振り回されて，労働時間や業務量が増大しかねないというわけです。これを外部効果と言います。しかし，この点に関して行われた調査の結果では，そういう問題はあまり重要ではないことがわかりました（社会経済生産性本部『裁量労働制の導入と外部効果に関する調査研究報告書』社会経済生産性本部，2006年）。職場の業務の分担が，100％裁量的な仕事しかしていない人と，100％ルーティンの人というふうに明確に分かれていることが，外部効果が起こるという議論の前提ですが，実際の職場はそうはなっていません。雇用労働における裁量労働制は，やはり裁量的な仕事もしながらルーティンの仕事もしている。たとえば，裁量的な仕事7割，ルーティン3割といったかたちで行われており，結局，自分でルーティンの仕事も処理しています。ですから，他人へのしわ寄せはそれほど大きくならないのです。

在宅ワークは合理的か？

Q 在宅ワークという働き方があります。家に居ざるを得ない女性に適用されていることが多いようですが，企業にとってもそれを許すからには何かメリットがあるのですか？

A 在宅ワークが普及すると，オフィスのスペースを節約できるというまことしやかな話もありますが，それが理由で在宅ワークを導入している会社はそれほどないと思います。結果としてオフィススペースの節約になることは，あるかもしれませんが。

やはり，働く側の事情に勤務形態を合わせて，従業員の定着性を高めることがこの制度の主な目的です。結婚したり子どもがいたりすればやはり家で仕事をしたいし，会社はいわゆるファミリーフレンドリーのニーズに応えていると思います。もちろん，通勤時間が節約できることも重要でしょう。さらに育児休業からの復帰に際して，しばしば指摘されるのは，女性が仕事時間の制約の為に**マミー・トラック**（育児を経験した女性の昇進・昇格の可能性が低下したりなくなったりすること）に陥ることです。育児休業からの復帰が在宅勤務で行うことができればマミー・トラック解消の一助になるでしょう。

ただし，雇用労働である以上，やはり職場へ出てきて情報を共有することが必要です。たしかにテレコミュニケーションでつながっ

ていれば，**デジタルの情報**は共有できるけれども，**アナログの情報**も組織にとっては大事です。こうした問題が2020年からのコロナ禍で在宅勤務が急速に進んだ際に問題になりました。

第8時限目

○あなたが管理職だったら，残業時間の長い部下をどのように評価しますか。生産性が低い証であるとして低い評定を下しますか，あるいは頑張り屋さんとして高く評価しますか。

○あなたの職場で，会社に出勤しないとできない仕事，出勤してやったほうがいい仕事はどれだけあるかを考え，どうしてなのかを考えてみましょう。逆に，出勤せずにやったほうがいい仕事，とくに出勤しなくてもいい仕事は何かも考えてみましょう。

第9時限目

会社は託児所？
——人事管理とファミリーフレンドリー

なぜ，企業がファミリーフレンドリーなのか？
——家庭と人事管理の因果関係

> **Q** 今回は「ファミリーフレンドリー」についてのお話ですが，そもそも会社が従業員の家庭の事情に配慮するのはどうしてですか。

A 企業が求めているのは，会社が期待する仕事を従業員がして，応分の貢献をすることです。ですから，家庭内の問題は，本音を言えば企業にとって直接の関心事ではありません。

しかし，労働者が家庭での悩みを抱えて，会社で十分な貢献をできないということになると，企業としては困ります。最近，**ファミリーフレンドリー**と言われているところの，仕事と家庭の両立支援が重要な問題になっています。男性も女性も同じですが，特に結婚

して家庭がある女性の労働者にとって，仕事と家庭の両立は非常に困難かつ重要な課題なのです。

それでは，仕事と家庭の両立とは，会社にとってどのような利益があるのでしょうか。仕事と家庭を両立できる環境を会社が用意することが有能な従業員が退職せざるを得ない状況を未然に防ぐとか，従業員を採用する場合に，会社として仕事と家庭を両立できる基盤を用意することが労働市場で有利である，といったことが挙げられます。

年功賃金こそ「元祖ファミフレ」

このファミリーフレンドリーですが，少子化・高齢化に対して，国も企業も様々な取り組みをしています。ただ，昔は何もなかったかといえばそうではなくて，私は，第2時限目でもお話しした年功賃金こそが「元祖ファミリーフレンドリー」だったと思います。

男性が外で仕事をして，女性は家庭を守るという，そういう性別分業が当たり前だった時代に，従業員が後顧の憂いなく仕事ができるように，ライフサイクルに合わせて賃金を支払うのが年功賃金でした。つまり年功賃金は，仕事と家庭の両立という意味でのファミリーフレンドリーではなく，家族の成長に優しいという意味での，文字どおりのファミリーフレンドリーな制度だったのです。

これまで年功賃金については，人のマイレージ制度であるとか，定年制を前提にした個人の仕事意欲を保つための仕組みであるとか，いろいろなお話をしましたが，一つの重要な側面はそれが**生活保障賃金**だということです。個人のライフサイクルの中で，家庭を持ち，

子どもが大きくなると，どんどんお金がかかります。一番お金がかかる時期に一番たくさん賃金がもらえる仕組み，それを生活保障賃金と言うわけです。家庭の基盤が安定しないと従業員が仕事に身が入らないとか，あるいは今の会社だけで十分な賃金がもらえなければ**ムーンライティング**（「ムーンライト」というのは「月の光」という意味，そこから月の光の中でまた別のところで仕事をする＝**副業**）をせざるを得ません。そういうことがないように，とにかく会社として生活に支障がない水準の賃金は払うから，よそ見をしないで仕事をしてほしいというのが，「元祖ファミリーフレンドリー制度」としての年功賃金の意味合いだったと思います。

　もっとも最近は副業を奨励する論調が見られますが，働き方改革で残業手当が減り，同時に年功賃金に対する不確実性がましていることに対する裏返しと言えるかもしれません。

ファミフレの現代的意味

　最近は，ファミリーフレンドリーというと，少子化対策の側面が重視されています。子どもの数が減ると，どういう問題が生じるかというと，まず人口が減り，フリーターや，成人でも定職に就かない人が増えて，仕事をして納税義務を果たし，あるいは厚生年金や健康保険，そういうものを負担する人が減ることになります。これは国にとって由々しい問題です。だから，少子化対策を国レベルでいろいろ取り組んでいるわけです。

　しかし，少子化対策は個別の企業でも行われています。個別企業にとって，少子化が進み国の人口が減少することは経営の直接関心

事ではありません。むしろ，例えば少子化に伴う**育児休業**，それから高齢化に伴う**介護休業**，こうした仕組みを用意して女性が結婚してからも安心して仕事を続けられる，そういう環境作りを重視しているのです。こうした事実を労働市場に知らしめれば，人を採用する時点でも会社のイメージが上がります。育児休業制度は，法定では原則1年間ですが，それを超えて，例えば2年間，あるいは3年間を最長とする制度を導入する企業もあるのです。もっとも，3年間育児休業をフルに取得することが，その後のキャリア形成にどのような影響を与えるかは，また別の話ですが。

育児休業法は，1992年に施行されましたが，育児を理由にした解雇を禁止することが当初の目的でした。もともとは雇用期間だけが継続されて，育児「休業」ですから，**ノーワーク・ノーペイ**の原則に従って，休業している間の給料は支払われませんでした。その後，制度が改正され，**休業期間中の所得保障が雇用保険制度**の中で可能になりました。

転勤の問題

次に，転勤についてお話ししたいと思います。この転勤問題も，育児休業，介護休業以前の仕事と家庭の両立という点で，年功賃金と並んで重要でした。日本の場合は特に，長期雇用を前提とした住居の変更を伴う事業所間の配置転換（これを**転勤**と呼びます）が頻繁に行われてきました。従業員にとっては，仕事と家庭の両立という問題，特に働く女性にとっては，自分は仕事を続けたいが，夫が転勤する場合に自分は残留するか，帯同して今の仕事を辞めるのか，或

いは配偶者の転勤先で仕事を見つけるのか，こうした問題に直面するのです。

　特に住居の変更を伴う事業所間の配置転換は，子どもが学齢に達すると，家庭の基盤を移すことがさらに難しくなるので，その結果単身赴任という形になる場合もあります。これは，ファミリーフレンドリーの観点からは深刻な問題でしょう。

　転勤で仕事と家庭を両立できないから仕事を辞めて転職するというのは，日本ではまだ少ないですが，海外ではそういう選択肢も存在します。私がニューヨークのウォールストリートで取材していたときに，それこそトップのインベストメント・バンクからセカンドのインベストメント・バンクに転職した人がいました。その人は，昇進をオファーされたけど，かなり遠距離な転勤を伴うために，家族との時間を大事にしたいという理由で転勤を断ったそうです。結局，転勤を断るとその会社にはいづらくなり，セカンドベストに転職したと言っていました。日本ではそういう問題はまだ少ないかもしれませんが，潜在的にはあるかと思います。

　第8時限目にお話ししたように，日本は労働時間が長い。では，労働時間が短くなればファミリーフレンドリーかというと，そう簡単ではありません。うちへ持ち帰ってきて仕事をするとしたら，労働時間は短くなっても，少しもファミリーフレンドリーではありません。家庭で仕事をする時間は労働時間に算定されないわけですが，実質的な労働時間という意味では，家庭における仕事時間というものもファミリーフレンドリーに関係すると思います。

在宅勤務もファミリーフレンドリー？

Q 在宅勤務もファミリーフレンドリーだというお話が前回もありましたね。

A 確かに在宅勤務は，通勤（「痛勤！」）という問題がなくなるし，小さいお子さんのいる人が仕事を続けていけるという意味ではファミリーフレンドリーかと思います。

問題は，在宅勤務はファミリーフレンドリーで，風呂敷残業はファミリーフレンドリーでないと，一概にそう言えるかどうかです。個人に裁量性が存在して，きょうはここまで会社でやって，ここからは家に持って帰ってやろう，だけど，家族との時間もあるから，家にいる時間の中でここまでは仕事をして，そこからは家族と過ごそう，こうしたことが自分で選択できれば，それはファミリーフレンドリーだと思います。やはりこの点は，裁量性の問題と深く関係していると思います。

育児とキャリア，その両立は？
——育児休業，「勝利の方程式」

Q 　最初に育児休業のお話がありましたが，最低でも1年と法律で決まっているということでした。ところでその間は，働いている人にとってもキャリアが中断するというマイナス面もありますし，企業にとっても育成の面で問題が出てくると思いますが，いかがでしょうか。

A 　育児休業は，あくまでも第一義的には本人の選択なので，お子さんができたらとらなければいけないわけではありません。ですから，キャリアの関係で，今自分のおかれている状況を考えて，休業がキャリアにとってマイナスだと考えれば，**産前産後の休暇**で復帰し，あとは例えば**短時間勤務**という選択肢も存在するのです。企業は，子供の年齢が3歳未満の子を養育する労働者に対して，勤務時間の短縮に配慮しなければならないからです。

仕事と家庭の両立

この様に，確かに第一義的には本人の問題ですが，実際には仕事と家庭の両立を考えると，例えば保育園などファシリティーの不足の問題とか，あるいは祖父母が孫の面倒を見てくれなければ，母親なり父親なりが育児休業をとらざるを得ないのです。現在では，日本の場合は法律上1年間，場合によっては1年半育児休業を取れま

すが，これが女性のキャリアの妨げになるという考え方もあります。本来は自らの判断で最適な復帰時期を決めればいいわけですが，世の常として1年取れるのなら1年分まるまる取得する人も少なくありません。そして，配偶者もそれを期待しています。ちょうど女性が結婚して子どもが産まれる時期が，企業内キャリアにとっては重要な時期と重なるのであれば，1年はその女性にとって長過ぎるでしょう。したがって，1年間という現行制度はよしあしなのです。

　この場合，法定で1年だと，就業規則上，「当社は半年にします」とはいかないので，当然，最低1年間は就業規則で定めて，場合によってはそれより長くしている。企業からすれば休業期間を長くすることで，労働市場，新規学卒採用で自社の優位性を示すことができるからです。

　この様に育児休業制度の第一の問題は，まず，今お話ししたように女性の側からみるとキャリアが中断することです。育児休業中に何かフォローアップの勉強をすればプラスにはなりますが，仕事を離れていることは明らかにマイナス，復帰後のキャリア形成に影響するでしょう。

　では，会社側から見たマイナスは何かというと，育児休業期間中休業者の仕事を誰がカバーするのか，これが非常に重要です。大企業では誰も充当しない，1年間だったら何もしないで同じ職場のみなでカバーするケースがほとんどです。**代替要員**が配属されると，その代替要員を育児休業を取得した人が復帰した際にどうするのかが問題になるからです。しかし，代替要員を配置したほうが自分の仕事が奪われるという危機感を与えるので，早期に復帰へのインセ

ンティブを与え，キャリア志向の女性とそうでない女性を選り分けることができるかもしれません。

　育児休業期間中の休業者の仕事のカバーに加え，休業中の職場の対応も問題です。育児休業の期間が短いほど対応は容易になります。例えば，半年だったら，みなで仕事をカバーして，どうしても無理なら派遣社員をあてがいます。他方１年休む，２年休むとなったら，新しい人を配属せざるをえないでしょう。

復帰後の昇進・昇格

　さらに，復帰してからの昇進・昇格については，やはり休業中は人事考課で不利になるのは避けられません。特に，復帰した時期が，期首であれば問題はないのですが，期の半ばだとすると，既に評価期間が始まっているので，評価で不利になるのは（休業したこと自体は本人の選択ですから），致し方ないことだと思います。

　しかし会社側も，育児休業を取得する人が増加して，その休業期間中の評価が後々まで影響する仕組みのままでは育児休業取得者は確実に昇進・昇格が遅れるので，この点にどのように配慮するかが問題になります。昇進・昇格で不利にすることが早期復帰のインセンティブになるという考え方もありますが，これは人権上あまりにも問題です。もちろん，育児休業取得者に過度に優しくして，「下駄を履かせる」ようになると，他の従業員がやる気を失うでしょう。

中小企業での育児休業が一番の課題

　中小企業においては，育児休業はさらに大きな問題だと思います。

大企業は経済的にも職場の人数的にも余裕があるので，なんとか対応できるのです。中小企業では，職場の人数が本当にギリギリで，その人が育児休業をとったら職場が回らないこともあるでしょう。「本当にとるのか。だったら退職しろ」といった選択を迫られるケースもあるかと思います。そういう職場で育児休業がとれるためには，何が必要かというのが，本当の問題ではないでしょうか。中堅・中小企業で，身の丈に合った，ファミリーフレンドリーが成功している好事例をしっかりと積み上げることが重要だと思います。

　この点に関しては，一部の研究者の間に，育児休業を取得すると，その人の穴を埋めなければいけないから，その直近の仕事をしている人がその仕事を埋めて，結果的に従業員が育成される，企業はそういうメリットを考えてどんどん育児休業を取得させなさい，という意見があるようです。私は，これはあまりにも浮世離れした議論だと思います。それはあくまで結果論であって，その中には会社が被らなければいけないコストがいろいろとあることを，忘れてはならないでしょう。

育児負担に男女なし？
──男性の育児休業

> **Q**　一般的には，育児休業というのは女性の問題として考えられていますし，私達もそのようにとらえがちです。しかし，男性にも育児休業の権利はあるのでしょうか。また，あるならば，なぜ取っている人が少ないのでしょうか。

A　男性も，育児休業を取得することができます。夫婦二人で取ることはできませんが，女性がなんらかの事情で育児休業を取得しない場合に，男性が取得することは法律で認められています。

男性の育児休業

ただ，男性の育児休業は非常に少ないのが実情です。厚生労働省の「雇用均等基本調査」によると，2020年度は男性の育児休業取得率が飛躍的に増加したということですが，それでも12.65％にすぎません（女性は81.6％）。また，男性の育児休業取得日数も女性より短いのです。10数年前のことですが，「男性の育児休業は懲戒解雇ものだ！」と言っていた人事担当者がいました。男が育児休業を取るなど，何を考えているんだという意識があることは否定できないでしょう。やはり日本の職場では，育児休業については「男子たるものが」といった意識もあるのではないでしょうか。

このような考え方はおくとして，男性が育児休業を取らないのは，経済的な理由があります。現在でも，男性と女性の間にはいろいろな理由で賃金格差があります。仮に賃金格差がなくなって，同じ年齢の男女の賃金が基本的に同じだとしても，日本社会の通例としては，夫婦で男性のほうが年齢が高いケースが多いのです。年功賃金を前提にすれば，男性のほうが実際に賃金が高いわけですから，男性が育児休業を取るほうが女性が育児休業を取るより失うものが大きいわけです。そうした状況では，べつに女性を差別していなくても，女性が育児休業を取るほうが合理的な選択となるのです。女性のほうが年齢が高く収入も高い場合には，男性が育児休業を取るのが合理的だと思います。しかし，そうでなければ，女性が育児休業を取る方が収入減が少ないのです。

転勤のない人事管理は可能か？
——ファミリーフレンドリーとキャリア形成

> **Q**　育児休業，介護休業，短時間勤務などのお話をうかがってきましたが，第3時限目に，転勤のない正社員という話題がありました。せっかく家を買ったり家庭をもったのに，転勤させられるのはファミリーフレンドリーではないと思いますが，一般の正社員にとって転勤は避けられない問題なのでしょうか。

A　確かに**転勤**が多いのは，日本の人事管理の特徴だと思います。ただ，転勤があるのは日本の企業だけかというと決してそうではありません。以前，ウォールストリートで調査をしたことがありますが，どこの国のいかなる企業もピラミッド型なので，事業所のトップポジションにいる人がそれ以上偉くなろうと思ったら，本社に転勤するなど，異動を受け容れざるを得ません。これは組織の構造を考えれば当然のことだと思います。

　ただ，日本企業の場合はトップポジションだけではなくて，全ての階層の従業員を対象に転勤が行われる点に特徴があるといえるでしょう。

　金融機関などの場合は，お客様との癒着を避けたいということがしばしば言われます。これを転勤の理由に挙げる企業が多いです。この理由にどこまで説得性があるかどうかわかりませんが。

また，従業員の人材育成のためにいろいろな環境を経験させることも重要です。例えば関西や東海といった地域に固有の商売の仕方を経験させることが本人の育成につながるという理由もあるようです。もっとも，大卒社員を念頭において，幹部候補社員育成モデルのもとではそれは正しいやり方でしたが，そのモデルが今でも通用するかは疑問です。

　それから，本社のほうが従業員からすると仕事が面白いということもあるでしょう。例えば，本社ではルーティンの仕事ばかりではなくて，いろいろ「推論（判断を要すること）」をする仕事があるので，そのような本社でしかできない仕事を経験させる。地方の事業所だけではなく，やはり本社と地方との異動が育成効果を持つようです。

　さらに，日本は諸外国に比べれば均質性が高い社会だと思いますが，それでもやはり地域間格差が存在します。関西は関西で人を採り，東京は東京で人を採り，北海道は北海道で人を採るという体制であれば転勤は不要ですが，そうすると，地域間に人材格差（たとえば優秀な人が採用できない地域が出てくること）が生じます。これを避けるために，人材を企業内で再配分するという機能を転勤が担っている，これは企業の人事担当者からしばしばうかがう話です。

　だから，転勤をゼロにするのは，ややナンセンスだと思います。人事権を会社が掌握していることが長期雇用，年功賃金の根源にあるわけですから，「転勤してもしなくてもいい」，「誰か転勤してくれませんか？」というのでは，とても制度を維持することはできません。やる以上は会社の人事権を発動する，断った人にはペナルティーを課す，一番厳しい場合には解雇に至るかと思いますが，こ

のような運用は止むを得ないでしょう。

　ただ、転勤には非常にコストが生じます。移動旅費や住居費、単身赴任であればさらに追加的なコストがかかります。それだけのコストをかけて費用対効果があるのかどうか、企業も今少し考える必要があるでしょう。もちろん転勤をゼロにしろと言うわけではありません。要は、今よりも転勤を減らせる余地がないかということです。

　では、どの様に減らすかというと、まずは転勤を受け入れる代わりに偉くなれるというコースと、転勤しなくていい人たちのコースを分けるのです。昔からチェーンストアなどでも**「ふるさと勤務社員」**というのがありましたが、地域限定職のような人たちの数をもっと増やして、制度的に転勤しなければいけない層を今よりも限定するのはどうでしょうか。

　逆に、転勤しなくても**地域限定総合職**といった人たちの昇進の上限を上げ、昇進の天井をもう少し高くする。金融機関の「地域限定職」というのは、一応制度上は店長ぐらいまでは昇進できるよう設計されています。総合職と地域限定職の割合を、もっと地域限定職で厚くしていく。それによって総合職の数を減らしていけば、転勤する人の数も減らせるわけです。

　しかし、このように総合職の数を減らすと、転勤する人は減るかもしれない反面、今度は「非総合職」の増大によって会社に「ぶら下がる」人が増加する可能性があります。「ぶら下がる」人を減らすためには、非総合職の昇進の天井を高くして仕事に対するインセンティブを与える、それによって地域限定総合職が会社にぶら下がらないようにする必要があるでしょう。

〇在宅勤務は,「痛勤」対策やファミリーフレンドリーという点から働く側には間違いなくメリットがありますが,人事管理上企業にはどのようなメリットがあるでしょうか。

〇日本企業では従業員の転勤が頻繁に行われていますが,もしも「転勤のない人事管理」が実現したら,どのような問題が生じると思いますか。

〇 育児休業の取得促進のため,育児休業者の職場復帰時に,同じ職場の同じ仕事に戻すことにどのようなメリット,デメリットがあると思いますか。

つれづれ考

育児休業制度の法定期間が最長1年から2年に延長されるという。育児休業制度とキャリア形成について2つの点を指摘したい。

第1点は、育児休業取得者の復帰について。休業期間は、現在法定では原則1年だが、それを上回る期間を設定している企業も多い。しかし企業としては早期復帰がホンネだし、女性の方も早く復帰するほどキャリアの損失は少なくて済む。ある外資系投資銀行では、一定期間以上育児休業制度を取得する社員は、顧客を他の社員に引き継ぎがなければならない。要は、復帰のインセンティブが、組み込まれているのである。休業期間を長くするだけでは、モラル・ハザードを助長することは否めない。しかし、育児休業の長期化が有難い人がいることも、また疑いのない事実。これぞWin—Winではないだろうか。

慶應義塾大学
商学部教授
八代 充史

育児休業に思うこと

今一つは、育児休業取得者の昇格・降格をどのようにするかということ。職能資格制度では、元々降格は「抜けない刀」。育児休業を理由にした降格も、最高裁でNOの判決が確定している。しかし本人が自分での降格も認める。

別。平成26年11月11日の『日本経済新聞』〔夕刊〕によれば、オリックスは、育児休業後の「自主降格」制度を導入した。育児休業を取得した課長が、復帰後仕事と育児を両立するため短時間勤務を望んでも、課長ともなればそうはいかない。結果育休期間が長期化したり、退職を余儀なくされれば会社にも本人にも損失である。記事によれば、「本人の希望で総合職から一般職などへの職種変更のほか、部課長職からの降格も認める。最大の特徴は本人が望めば元の職種や役職に、いつでも戻れる点だ」という。

日本の少子高齢化を乗り切るためには、女性が安心して子供を産めることが必要である。そのために、育児休業制度を充実させることは大変意義深いことだ。

しかし誤解を恐れずにいえば、会社は「託児所」ではない。育児負担をすべて企業が負うのではないところではない。育休の充実には、処遇のメリハリは欠かせない。この点の理解が浸透するのを期待したい。

（資料出所：「労働新聞」第3104号　平成29年3月13日）

日本的経営とベスト・プラクティス
——日本企業のグローバル化

収 斂か，差異化か？
——国際比較の二つの仮説

> **Q** 今までお話ししていただいた日本的な人事管理は，国際的にみるとどういう位置づけなのでしょうか。

A 　人事管理については，今まで多くの国際比較研究が行われてきました。高度成長期までは，「終身雇用」，「年功賃金」，「企業別労働組合」の三つが日本の労使関係の「三種の神器」と言われて，日本の社会的・文化的な要因を色濃く反映した制度として理解されてきました。

日本の経営は移植可能？

これに対して，1980年代ごろ，日本の経済が成功し，日本経済の

パフォーマンスが高いと言われた時代から，日本的経営は海外に移植可能であるという議論が盛んになりました。その議論の背景にあるのは，日本的経営はべつに文化的なものに根差しているのではないという考え方です。日本的経営が日本固有の文化に根差しているのであれば，異なる文化的背景を有する地域にそれを移植するのは困難だからです。

この点については，特にブルーカラーを中心として，自動車や電機等の加工・組立が海外に進出し，現場のものづくりの技術が移転可能であることについては，大方の理解が得られています。

問題は，ホワイトカラーです。日本のホワイトカラーの人事管理と欧米のそれとは，根本的に違うのかと言えば，必ずしもそうではない。日本でもヨーロッパでもアメリカでも，ホワイトカラーの賃金は右肩上がりだし，新規学卒採用も行われています。しかし，もう少し各論で見ていくと，日本企業の人事管理のもとでは海外のホワイトカラーはうまく管理できないようです。1980年代，**「海外における日本の人事管理は，マネジャー層の優秀な人材を確保するのが難しい」**（石田英夫『日本企業の国際人事管理』日本労働協会，1985年）という研究がありましたが，その結論が今日でも生きていると思います。

どういうことかと言うと，日本の企業の新規学卒採用を前提とした年次的な昇進管理は，海外では，石田教授に従えば**上級人材**の確保と定着に失敗してきたのです。人事管理の目的は，いい人材を採用して，その人たちに辞められないことにあるとすれば，海外における日本の人事管理は何十年間にわたって「同じことを繰り返して

いる」と言えるでしょう。

人事管理の国際比較

　日本のホワイトカラーの人事管理と欧米企業の人事管理を比較した研究に基づいて，もう少しお話ししたいと思います。**人事管理の国際比較の一つの研究の軸は，収斂か非収斂かということです**。人事管理は，後発の国（企業）も先発の国（企業）と同じような技術的な関係におかれれば，将来的には先発部隊と同じような方向にキャッチアップ（収斂）していくと考えるのか，いやそうではなくて，それぞれ制度的な環境要因があるから異なる方向に向かう（**非収斂**）のか。つまり日本であれば，解雇法制，新規学卒採用や，社会保障システムといった制度的な要因が人的資源管理を規定すると考えるか否かによって見方が分かれます。これまでは，技術的な要因を重視していたために収斂説に基づく研究が多数派でした。

収斂・非収斂と企業間競争

　これに対して私は，企業と企業との競争が労使関係，人事管理の収斂・非収斂を規定していると考えます。同じ産業，同じ市場で企業が競争していれば，やはり**デファクト・スタンダード**（事実上の標準）を有する企業の人事管理を模倣（収斂）しないとよい人材を獲得できません。重要なのは，それぞれの産業によってどこの国の企業がデファクト・スタンダードであるかが異なることです。ものづくりの場合には伝統的にデファクト・スタンダードを有するのは日本の企業です。しかし金融業界では，やはり圧倒的に**アングロアメリ**

カンがドルという機軸通貨と英語という機軸言語によってデファクト・スタンダードを有しており，その人事制度に収斂せざるを得ないのです。もちろん，**リーマン・ショック**の前と後では状況が異なるでしょうが。

ただ，日本の企業とアングロアメリカンの企業が競争していると言っても，そのありようはさまざまです。例えば日本の野村證券とアメリカのゴールドマンサックスを比較すると，人事管理のありようはかなり違うと思います。なぜなら，アメリカのゴールドマンサックスと日本の野村證券が同じ労働市場で直接人を採り合うには至っていないからです。

これに対して，野村證券のニューヨークの現地法人とニューヨークのゴールドマンサックスは，ニューヨークという同じ労働市場で人を採り合います。その場合，野村證券がゴールドマンサックスと競争しながら人材を採用する際には，ゴールドマンサックスというデファクト・スタンダードの人事制度に適合していかざるを得ないでしょう。

では，すべてがゴールドマンサックスのやり方に収斂するかというと，必ずしもそうではありません。つまりそれぞれの市場のデファクト・スタンダードに収斂していくことを**マーケット効果**と呼ぶとすれば本国の経営慣行が持ち込まれる部分，即ち**ホームカントリー効果**も同時にあり，その二つのありようで人事管理の方向性が決められるのです。

東京やニューヨークといった同じ労働市場の中で直接人を採り合い，その中で人が転職すると，異動を通じて賃金が平準化が進み，

人事管理の収斂が起こります。その理由は先にお話ししたように，そうしなければ良い人材の獲得に失敗するからです。しかし逆にデファクト・スタンダードから意識的に背を向ける，つまり**差異化**することがいい人材の獲得につながる場合もあるでしょう。このあたりが難しいところです。

ミッションは自分を要らなくすること？
──海外派遣要員の人事管理

Q 日本企業でも他の国の企業でも，多国籍企業では外国への転勤や出向がありえると思いますが，国際的な違いを教えていただけますか。

A 日本のどこの会社でも，本社から現地法人に対して人事異動が行われます。異動する人のことを**海外派遣要員**とか**エクスパッツ**とか言って，現地法人においては，**出向者**として扱われます。

日系企業の海外派遣要員は全員エクスパッツ

まず理論的には，海外派遣要員は**技術移転**の担い手です。つまり，本社の技術を**現地法人**に移転するのが派遣要員に課せられているミッションです。技術移転の対象は，例えば**トヨタ式生産方式**と言われるような**ハードの技術**だけとは限らず，**ソフトの技術**，つまり，

雇用・労使関係や経営管理技術も含まれます。

日系企業の特徴は，海外に派遣される人が全員エクスパッツという扱いで，現地での給料や現地の住居の提供とか，さまざまな特典が適用されることです。

他方，欧米の場合は，エクスパッツはステイタスで，これを享受できるのは本当に一部の人で，しかもステイタスに伴う**コンペンセーション**（さまざまな手当）は時間が経つにつれててい減し，4～5年たつとゼロになってしまいます。逆に，海外に行きたいと自ら希望して手を挙げた人は，自己責任だからコンペンセーションは基本的にありません。会社の業務命令で行くからこそ，コンペンセーションが支給される，これをＳＩＥ（Self Initiated Expatriates）と言います。自分で手を挙げて行くのであれば付加はしないという世界です。

日本の場合は，もちろん自分で手を挙げて行くのは，国内の仕事では増えていますが，海外人事ではほとんどないのではないかと思います。そういう意味では，全員が社命で行くのでコンペンセーションの対象となるのでしょう。

欧米は多国籍のためダイバーシティが進む

日系企業の海外派遣における特徴のもう一つは，**資本国籍**と海外派遣要員の国籍がほぼ100％一致していることです。日系企業では，派遣要員のほぼ全員が日本人です。日本人以外の派遣要員がいると話題になる程珍しいことです。

他方，**欧米多国籍企業**の場合は，あとでお話ししますがダイバー

シティが進んでいるので，例えば，ゴールドマンサックスのエクスパッツやＳＩＥもアメリカ人ばかりとは限りません。もちろん，その会社の資本国籍の人が多いでしょうが，常にそうとは限りません。これは当たり前のことで，国籍に関係なくいろいろな人を採用していれば，必然的にそうなるわけです。

　日系企業の場合，部下とのコミュニケーションをとるとか，他社と競争することに関しては大きな制約が生じます。日系企業の課題は上級人材の管理であるという30年前の評価が今でも基本的に変わらないのは，結局この多様性の部分がほとんど変わらないからです。日本人社員が現地法人に派遣されて，何年か経つとローテーションでまた異動する，この体制が脈々と続いているのです。

日系企業の「相互依存体制」と日本人出向者

　ところで，派遣要員の報酬がどの様に決まるかというと，二重構造が存在しているというのが偽わらざるところです。もちろん現地法人には賃金テーブルがありますが，彼らの賃金は現地法人の賃金テーブルではなく，日本の職能資格に従って昇給・昇格していく仕組みが維持されているのです。

　他方，ローカルの従業員は，第７時限目にお話したように，たとえば金融機関だったらコンサルタント会社の行うウエイジ・サーベイに準拠して賃金が決められます。これが二重構造の意味するところです。

　日本から人を派遣するとコストがかかるので，ローカルの人を昇格させていくことが必要になります。日本人の派遣を抑えて，現地

のスタッフを昇進させたほうがコスト的には安くすみます。これは，**経営現地化**の重要なインセンティブと言えるでしょう。

　ただ，日系企業の場合，どの業界もそうですが，お互いに日系企業が顧客であるという「相互依存体制」になっています。例えば，日系企業の社員が出張する際には日系の航空会社を，海外赴任の際には日系の運送会社を，現地で口座を開く際には日系の銀行を，資金調達をする際には日系の証券会社を，といった具合です。

　このように，日系企業同士で仕事をするのであれば日本人がトップにいたほうが何かと都合が良いので，コスト面では現地化の方が有利でも，なかなか進まないのだと思います。

　英国シティの金融機関を対象にした私の調査によれば（八代充史「ロンドンの日系金融機関における日本人出向者の役割」『三田商学研究』50巻6号，2008年），日本の**インベストメント・バンク**では，ビジネスの上で日系企業への依存度が高いところほど日本人出向者の比率が高いことが分かりました。その結果，現地の労働市場でいい人が採れなくなるので，ますます日本人出向者に依存せざるを得ない。そうなると，仮に現地労働市場でいい人を採用しても，こうした人事管理を見限って，短期的に回転していく傾向が強くなります。今後，日系企業も本社機構の中でも枢要な地位に到達できる人材を現地で採用し，育成することが必要だと思います。また，本社の人脈や出世コースから外れる可能性もありますが，海外派遣要員長期育成プログラムを構築して「プロの派遣要員」を育成する，要するに海外派遣要員のコースを作って現地に長期派遣し，残りのスタッフはローテーションで回していくのも一つの方法でしょう。

多様化するのか，多様にするのか？
——日本企業とダイバーシティ

Q 日本企業はこれから，ダイバーシティを重視したマネジメントを行うようになるのでしょうか。

A 　ダイバーシティとは，一言で言うと「多様性」ということです。多様性というのは，民族的な多様性もありますし，男性，女性，といった性別，それから，正社員と非正社員という多様性もあるでしょうし，いろいろな多様性があります。近年，そういう多様な人たちが同じ企業の中で一緒に仕事することをダイバーシティと呼んでいます。

　このように，ダイバーシティにはいろいろな側面があるので，ここですべてを語り尽くすことはできません。最近，ファミリーフレンドリー施策と同様，多様性が会社の利益につながるのかどうかについて，議論がなされています。

　これは，非常に難しい議論です。確かにそういう側面が皆無だとは言えないのですが，どれぐらい効果があるのかについて，はっきりしたことは言えない。非常にクリエイティブな現場，例えばゲームのソフトを開発するとか，あるいは，研究開発をしている部門では，「金太郎飴的（均一的）」な集団ではなかなかブレイクスルーはできないので，既存の発想を「ぶち壊す」人を注入する効果はあるでしょう。

しかし，本来のダイバーシティは，たとえば新規学卒者の採用が困難になる結果，高齢者を積極的に活用する必要があるといった，企業が好むと好まざるとにかかわらず対応をしていかなければいけない状況から出てくるものです。

外国人労働者の問題

日本でも，将来的に外国人労働者が増えてくるでしょう。今まで日本は非常に均質的な社会でしたが，好むと好まざるとにかかわらず，ダイバーシティが進んでいくでしょう。そういうなかで，均質的な日本の社会で確立していたノウハウ，技術，知識は短期的に効率が低下するかもしれません。

ダイバーシティというのは，実際には非常に難しい問題ですが，やはり真剣に向かい合う必要があると思います。

第10時限目

○日本的経営は，日本に固有のものですか。あるいは海外でも通用するでしょうか。

○外資系企業に人材を引き抜かれないためには，人事管理上どのような対策が必要だと思いますか。

終

「成果中心」主義の光と影
──人事管理に生じるズレ

そもそも，成果主義とは？
──「成果」主義と「成果中心」主義

Q 　今回はまとめの回ですが，成果主義についてお話をしていただきたいと思います。そもそも，成果主義とはどういうものなのでしょうか。

A 　まず，**成果主義**についてお話ししたいと思います。この点については，1990年代の後半から2000年の初めにかけて，かなりいろいろな議論が行われました。ただ，2004年に高橋伸夫教授の『虚妄の成果主義』（日経ＢＰ社）という本が出たことで潮流が変わり，成果主義の「大合唱」は終焉を迎えました。

成果主義は賃金体系のポリシー

　第7時限目に賃金については仕事給と属人給という二つの軸があるというお話をしましたが，これらはどちらかというと，基本給の決定要素，賃金体系上の問題でした。それに対して「成果」主義とは，「主義」という言葉からもわかるように，賃金体系の背景にあるポリシーを意味しています。賃金管理には，まずポリシーがあって，それを受けて具体的な賃金制度があるのです。そういう意味では年齢給や勤続給で成果主義をやることは無理ですが，職能資格制度で成果主義をやるとか，あるいは職務給で成果主義をやる，どちらも運用次第では可能です。つまり，仕事給か属人給かという話と，成果主義の是非というのは，次元が違う話だということを，まず確認したいと思います。

成果主義と成果中心主義

　市場経済においては，企業は利潤を追求しており，その利潤の源泉は成果であると考えると，企業が成果を追求しないことは定義的にはありえません。「成果主義」の是非を議論すること自体が意味をなさないわけで，あらゆる企業は「成果主義」であるというのが，この点に関する私の基本的な考えです。したがって，その是非が問われているのは，「成果主義」自体ではなく，かつての私のゼミの学生の卒業論文のタイトルですが**「成果中心主義」**ではないでしょうか（野村直子『成果中心主義』未公刊卒業論文，2002年）。「成果中心主義」とは，個人の短期的成果によって処遇の大半が決定されること

です。

　「成果中心主義」が出てきた背景として，まず指摘すべきは，職能資格制度においては，年齢，勤続に従って人件費が増大していくことです。その結果，高度成長期で人手不足が生じて人件費が急騰したり，高齢化社会が到来したり，景気が低迷して人件費を削減しなければいけない状況に企業が直面すると，アンチ属人給的な賃金制度が求められます。バブル崩壊後の「失われた10年」の間にも，その代表格として「成果中心主義」が華々しく登場したわけです。

　二番目は，役割に見合った賃金を支払うことです。第１時限目，第８時限目で，いわゆる「名ばかり管理職」のお話をしましたが，管理職は本来は部下をマネジメントし，労働組合法上は使用者の利益代表者であり，労働基準法上で言えば管理監督者という位置づけです。問題は，仕事のどの部分が管理監督者で，どの部分が労働組合法上の使用者の利益代表で，どの部分がマネジメントの対象になる仕事であるかを大きな企業で一つひとつ定義していくのは非常に繁雑で，経済学的にいうと非常にコスト（これを**「取引費用」**と言います）がかかります。それを回避するためには，仕事の等級であるとか職務遂行能力の等級で，一律に何等級以上は管理職というかたちで決定するのが合理的でしょう。

　しかし，そうすると，確かに繁雑さを回避できる代わりに，その実態が法律上の趣旨にそぐわない場合が出てきます。また，例えば部下を持つ管理職のポジションの人と，部下の管理責任や売上予算の達成等の責任を負わないスタッフ管理職的な人の給料が，職能資格制度ではほとんど同じである，これでは割にあわないということ

になるのです。

　それから，外部労働市場から人を採用する場合に，職能資格制度のもとで果たして市場価値に即した条件を提示できるかというと，なかなかそれも難しいところです。

フリーライダーとチームワーク

　理論的には，「成果中心主義」の問題は**フリーライダー**か**チームワーク**かという点に帰着します。個人の短期的な成果とは言いますが，実は個人の短期的成果が完全に客観的に測れるような仕事は，雇用労働の対象にはなりません。個人の短期的成果を客観的に明確にすることができないからこそ雇用労働という形態をとるのです。そもそも厳密な「成果中心主義」は不可能であると言えるでしょう。

　もちろん，このことは企業も理解していますが，それを認めると，チームにぶら下がり，何もしない人が出てくる，だから，フリーライダーを減らすために，あえてチームワークと反対の方向のメッセージを従業員に伝える，これが「成果中心主義」の一つの側面ではないでしょうか。

リスクとリターン

　今一つ重要なのは，**リスク**と**リターン**という問題です。企業がリスクをしょい込めば，リターンも企業に傾斜したものになる，しかし，従業員の中には自分でリスクをとって，その代わりにリターンも自分で享受したい人も当然いるわけです。例えば，トレーダーの仕事やディーラー的な仕事や営業の仕事は，数字で比較的はっきり

と成果がでます。生命保険の**フルコミッション（完全成功報酬）**的な営業の仕事も，同様に成果がはっきり数字に出てきます。そのような仕事は個人がリスクをとる限り，その成果も個人に帰属することになるでしょう。

　個人がリスクをとることは，極端に言えば，失敗したら雇用の保障はないということです。例えば，他の正社員とは別の勤務体系にして，雇用期間を短くする代わりに，成果に対しては，他の正規従業員よりもかなり多めに支払う。ただ，一体いくらの報酬を提示すれば従業員がリスクと向き合うか，これは仕事の性格やお国柄でも異なります。イギリスのインベストメント・バンクを調査した際に，「10万ポンドのサラリーはお小遣いで，ボーナスはその10倍，20倍」というケースがありました。10万ポンドというのは，1ポンド200円とすると2,000万円です。2,000万円が小遣い（！）だから，ボーナスは2億から4億円，やはり「成果中心主義」の本場は日本とはケタが違いますね……。

「成果中心主義」と個人の仕事選択

　これまで「成果中心主義」について見てきましたが，この問題は人事管理の他の領域とも関連しています。リスクとリターンということであれば，そもそも個人がリスクをとるような仕事を選択しているのかどうか，また，仕事の背景にある環境（例えば成長分野か成熟分野か）を選択しているか，といった問題も重要です。

「成果」は客観的に定義できない

　仕事が選択できるのであれば，失敗してもその環境は自分が選択した結果ですから，納得もできますが，実際にはやはり第6時限目の「ビジネスパーソンは仕事と上司を選べるか」で個人選択型人事についてお話ししたように，企業で完全な個人主導型というのはありえません。だから，個人選択型が増えたと言っても，やはり多くの仕事は企業主導型です。そういう状況で「成果中心主義」だというのは理屈が通らないわけです。実際には「成果中心主義」の是非というのは，企業の中で仕事の選択権がどの程度あるかということと密接に関係しています。

　ただ，それでも「成果中心主義」を導入しなければいけない企業もあるでしょう。そのためには，「成果」を客観的に定義することは不可能であることを最低限踏まえておく必要があります。例えば，管理部門でホワイトカラーの成果を問う際に，人事部門だったら何人リストラしたか成果を問うわけにいきません。その結果，定性的なものを評価の対象としています。

　このように，成果を客観的に定義することは多くの場合不可能です。従って，基本的には成果の定義とか，成果とは何かを時間をかけて議論するのは生産的ではありません。むしろ，成果を適切に評価していない管理職に退いていただく仕組み（例えば，ある意味部下から上司に対する「イエローカード」である多面評価制度など）を構築することに時間を費やした方が，生産的ではないでしょうか。

分権化しないと「成果中心」主義はうまくいかない

> **Q** 成果を測れる，測れない以外にも「成果中心主義」には，問題点がありますか。

A これまで述べた「成果中心主義」は，**人事の分権化**とも密接にして不可分です。北海道支店はすごく儲かっているけど沖縄支店は大赤字だという場合でも，同じ会社なんだから同じ給料だというのが今までのやり方でした。しかし，北海道支店がものすごく儲けたわけだから，北海道支店の人に厚く報いるのが「成果中心主義」の究極の姿だと思います。しかし，そのためには，北海道の人の処遇とその他の地域の人の処遇を別にして，基本は同じでも北海道支店の人が自分達の処遇として付加できる部分をある程度決められるようにする必要があります。問題は，**コミッション・ベース**ではなく，雇用労働のもとでこうしたやり方が可能かどうかです。

従って，「成果中心主義」を行うためには，人事の分権化や，管理職がある程度成果に応じて部下に配分できるとか，そういった仕組みが必要です。逆に，それができないなら「成果中心主義」は難しいと思います。人事の分権化といっても，今までの日本の会社は結局，会社全体の成果で給料を払うわけです。「成果中心主義」とは，成果を測定する単位をどんどん狭くするということです。狭くするということは，当然分権化していくことです。つまり，分権化して

いかないと「成果中心主義」はうまくいかないのです。

「成果中心」主義は何をもたらしたか？

Q 「成果中心主義」が導入されて，本当に以前と比べて評価に差がつくようになったのでしょうか。

A 確かに職場の管理職の評価は，「成果中心主義」の導入前と導入後とで変わっているでしょうが，彼らがどれぐらい評価の趣旨を理解しているかは正直疑問です。

というのは，日本の場合「成果中心主義」のもとで低い評価を受けた人も「退出」という選択肢がないので，ウジウジ会社に留まることになりかねないのです。**早期退職優遇制度**を導入して，彼らに退出を促しても結果辞めていくのは会社にとって辞めてほしくない人で，辞めてほしい人ほどぶらさがるのです。つまり，経済学の理論で言う完全な**「逆選択」**が生じているのです。要は辞めてほしい人ほどぶら下がるのです。

さて，「成果中心主義」の導入によって，職場の管理職は部下の評価の分布を広げなければなりませんが，人事考課を本人に公開している場合には説明責任が生じるので，例えばその評価がBやCだと「俺はA評価をつけたんだけど人事が直しちゃったんで，ごめん！」と逃げたくなります。そうなると，管理職に裁量を与えたとしても，彼らは彼らでリスクを負わなければならない。ですから，

まずは人事部門が「上からの改革」で人事の分権化を進めないと「成果中心主義」は進みません。その後は，人事考課の制度を変えて管理職に裁量を与えるようにする，しかし裁量を与えたら進むかというと，今度は「会社からの退出の自由」が少ないので，結局，「勝ち組」の人はいいけれども，「負け組」の人はウジウジしながら会社に居続けることになってしまう。

　だから，日本では「全員勝ち組」にするとか，「全員負け組」にするほうが，まるく収まることになります。あるいは，ちょっとした勝ち組，「許容範囲内の勝ち組」とちょっとした負け組，「許容範囲の負け組」という感じにもっていく。これは，べつに日本的な風土というよりは，結局，退出という選択肢が少ないからそうならざるを得ないわけです。悪い評価をつけられた人が辞めていかなければ，格差を広げることはできません。しかし，悪い評価をつけられた人ほど他に機会が無いから，当然現在の企業にぶら下がるわけです。

　上司が直接悪い評価をつけるよりも，人事部門がやったと言うほうが両方とも気まずくない。その結果，日本の企業は人事部門が力を持たざるを得ないのです。職場の管理職が人事考課をすれば，部下との間が気まずくなる，彼らが辞めれば気まずくならないが，辞めない。そうなると，結局そういう「汚れ仕事」は人事部門がやらなければならない，そうなると，また人事部門の仕事が増えることになりますね。

　本当は差をつけるのは人事部門がやる仕事ではなくて，もっと現場に近いところでやらなければいけない。「成果中心主義」をとる

のであれば，分権化を進める必要があります。ただし，最悪のシナリオは「成果中心主義」を導入した結果，職場の人間関係が崩壊する，いわば「『成果中心主義』功成って，万骨枯る」という状態になることです。

人事管理のズレを戻す努力を怠るなかれ

最後に，私が考えている人事管理を巡る「ズレ」についてお話したいと思います。「ズレ」というのは，いろいろなところに見られます。例えば新規学卒者を採用して社内で育成するという前提は変わらないのに，職場の人材育成能力が低下して，育成の対象となるはずの新規学卒社員に「成果中心主義」を適用してしまうという「ズレ」。

それから，裁量性と拘束性の間にも「ズレ」があり，本来正社員は拘束されるけれども出世をしていく。他方，非正社員は雇用は不安定だけれども時間的な裁量性があるべきです。ところが実際には，非正社員のほうは仕事は正社員並みなのに雇用が不安定なままだったりする。最近こうした企業はブラック企業と呼ばれています。

また，余暇時間と余暇実態との間にも「ズレ」があります。昔は長時間残業をしていたけれども，うちに帰れば仕事はあまりせず，仕事以外のことをするのが一般的でした。今ではＩＣＴ化によって，仕事を「持ち運べる」ようになった反面，電車に乗ってもインターネットや携帯メールやスマートフォンをやるのが常態になっています。要するに，労働時間と余暇時間の垣根が存在しないのです。余暇というのは仕事以外のことをやる時間なのに，会社の外にいる時

間を余暇と考えれば，そこでも仕事をしている，余暇が余暇でなくなってしまうという「ズレ」が存在するのです。

　いろいろな「ズレ」が生じていることに対して，では，どうすればいいのかは簡単にはわかりません。とにかく，そういう「ズレ」を本来あるべきところに戻していく努力を怠ると，地震のプレートではありませんが，人事管理のひずみが大きくなり，将来の社会に大きな影響を与えるのではないでしょうか。

ふれあい考

「後ろ向き成果主義」の失敗

雑誌で時々「あの人は今」という特集が組まれるが、人事の世界でこれに当たるのは何といっても「成果主義」だろう。企業の目的は、市場経済の下で利潤を最大化することにある。利潤の源泉は個々の従業員が上げる成果である。市場経済そのものを「非」としない限り、成果主義が是か非かは議論の余地がない。

では、成果主義に関する関心が薄れたのはなぜか。私のみるところ、その「理念」は普遍的・絶対的な成果で処遇を決定することを重視していた。しかし、恒等式のようなモノであり、決して間違ってはいない。問題は、あくまでも「理念」ではなく「運用」を誤ったことにあるといえるだろう。

慶應義塾大学
商学部教授
八代 充史

当時流行の成果主義は、「個人の短期的な成果」で処遇を決定していた。しかし成果主義とはかしくらべ成果主義とは、雇用形態や職種によって、当然運用は異なる。チームワークで仕事を進める正社員に、明確な仕事の縄張りを前提とした有期雇用と隣り合わせの明日をも知れぬ職業人生は、「10万ポンドのサラリーはお小遣い、ボーナスはその20倍」

「人事部集権」であり、仕事は会社のあてがいぶち、で見事に釣り合っていた。

他方、後ろ向きの成果主義は金銭的インセンティブに乏しいから、「コスト削減のご褒美に、さらなるコスト削減」になりかねない。行き着くところは「成果を上げ過ぎず、上げなさ過ぎず」という「ほどほど主義（福田秀人）」が蔓延することになる。

そして、最大の失敗は、日本の成果主義が「コスト削減」を目的とした「後ろ向きの成果主義」だったことだ。

欧米の投資銀行では、解雇と隣り合わせの明日をも知れぬ職業人生は、「10万ポンドのサラリーはお小遣い、ボーナスはその20倍」という個人は容易に仕事を選べない。「仕事は会社が決め義は金銭的インセンティブというベラボーに高い報酬で見事に釣り合っていた。

ある銀行の人事担当者がいっていた。「厳しい時は団子になって耐えるのだ」とすれば、成果主義は、不況時ではなく今のように景気が良いときこそ導入されるべきだろう。

この欄でも述べたが、正社員の人事はの成果主義を押し付けても、うまくいくはずがない。また以前

（資料出所：「労働新聞」第3136号　平成29年11月13日）

［参考文献］

本書の参考文献としては，本文中に記したもの以外として，下記のものを参考にして下さい。

楠田丘（石田光男監修・解題）『賃金とは何か』中央経済社，2004年。

熊沢誠『能力主義と企業社会』岩波新書，1997年。

小池和男・猪木武徳編『ホワイトカラーの人材形成』東洋経済新報社，2002年。

佐藤博樹・藤村博之・八代充史『マテリアル人事労務管理（新版)』有斐閣，2006年。

佐藤博樹・藤村博之・八代充史『新しい人事労務管理（第6版)』有斐閣アルマ，2019年。

城繁幸『若者はなぜ3年で辞めるのか？』光文社新書，2006年。

S.M.ジャコービィ（鈴木良始他訳）『日本の人事部・アメリカの人事部』東洋経済新報社，2005年。

須田敏子『戦略人事論』日本経済新聞出版社，2010年。

P.B.ドーリンジャー＝M.J.ピオレ（白木三秀監訳）『内部労働市場とマンパワー分析』早稲田大学出版部，2007年。

八代充史『人的資源管理論（第3版)』中央経済社，2019年。

索　引

●著者紹介

八代 充史（やしろ あつし）

慶應義塾大学商学部教授。

1959年生まれ。1987年慶應義塾大学大学院商学研究科博士課程単位取得退学。日本労働研究機構勤務を経て，1996年慶應義塾大学商学部助教授。2003年同教授。博士（商学）。

〈主著〉

『大企業ホワイトカラーのキャリア』（日本労働研究機構，1995年）

『管理職層の人的資源管理』（有斐閣，2002年）

『人的資源管理論（第2版）』（中央経済社，2014年）

『新時代の「日本的経営」オーラルヒストリー』（共編著，慶應義塾大学出版会，2015年）

南雲 智映（なぐも ちあき）

東海学園大学経営学部教授。

1976年生まれ。2005年慶應義塾大学大学院商学研究科博士課程単位取得退学。

連合総合生活開発研究所研究員を経て2014年東海学園大学准教授。2022年教授。

〈主著〉

『金杉秀信オーラルヒストリー』（共編著，慶應義塾大学出版会，2010年）

『能力主義管理研究会オーラルヒストリー』（共編著，慶應義塾大学出版会，2010年）

『日本的雇用システムをつくる―オーラルヒストリーによる接近（1945－1995年）』（共著，東京大学出版会，2023年刊行予定）

ライブ講義 はじめての人事管理（第3版）

2010年3月10日　初版第1刷発行
2015年3月10日　第2版第1刷発行
2023年3月10日　第3版第1刷発行

著　者	八代充史・南雲智映
発行者	大坪　克行
発行所	株式会社 泉 文 堂
	〒161-0033　東京都新宿区下落合1－2－16
	電話 03(3951)9610　ＦＡＸ 03(3951)6830
印刷所	光栄印刷株式会社
製本所	牧製本印刷株式会社

ISBN978－4－7930－0473－5　C3034